ふるさとの原像

兵庫の民俗写真集

[写真] 西谷勝也
[編集] 小栗栖健治　久下正史

【目次】

3 年中行事とまつり——共同体・ムラ（村）の祭祀

4 年中行事とまつり——イエ（家）の祭祀

〔凡例〕

・収録写真の選択は編者が行い、民俗芸能、年中行事とまつり、暮らし・生業、景観に分類しました。
・撮影場所は原則として現行の地名表記に変更しました。ただし、市町名の変更等により不明の場合には資料として旧名を括弧内に表記したものもあります。
・撮影年月日は記録にある限り掲載しました。祭礼日、行事日等については、現在は変更されている場合、あるいは消滅している場合もありますのでご了承ください。
・各章扉の解説および「年中行事とまつり」の項目解説は、久下正史と埴岡真弓が執筆しました。
・収録写真の情報は記録に基づき記載しましたが、撮影場所等のより詳細な情報がありましたらお知らせください。

西谷勝也さんの遺されたもの

小栗栖健治

○西谷さんとの出会い

私は生前の西谷勝也さんにお会いしたことはない。お名前を目にしたのは三十五年ほど前、上鴨川住吉神社の秋祭りの先行研究を調べている時であった。その後、兵庫県立歴史博物館に学芸員として勤務することになり、祭りや年中行事の調査・研究を進めていくと、西谷勝也という名前があちこちに登場する。次第に西谷さんとはどんな人物なのだろうと、関心を持つようになった。経歴を調べると、一九〇六年のお生まれで、没年は一九六九年。私は一九五四年の生まれなので、年は随分と離れている。けれども、西谷さんが大谷大学の出身で、私の大先輩、同窓であったことが、私に親近感を持たせた。

西谷さんの研究領域は民俗学で、庶民の生活文化の形成を明らかにされようとしていた。フィールドに出向いて古老から聞き取りをし、また、祭りや年中行事を実際に見て記録し、撮影された。お亡くなりになった後、研究者の誰もが撮影された写真が保存されていることを願っていたのである。

西谷さんは、一九六一年にのじぎく文庫から『伝説の兵庫県』を出版された。二〇〇〇年に再版されることになり、担当の方から御家族の元に写真が残されていないだろうかという相談を受けたが、その時は調べるまでには至らなかった。その後、二〇〇八年兵庫県教育委員会が丹波の曳山祭礼の調査を実施、調査対象の一つに篠山市の波々伯部神社の祇園祭が上がっていた。波々伯部神社の祭礼については西谷さんが一九六一年にまとめられた研究が先駆的なものであり、現在でも最も代表的なものとされている。「西谷さんの撮影された写真が保存されていないだろうか」ということが、私の脳裏をよぎった。そこで兵庫県教育委員会の担当から御子息西谷矩也氏に確認してもらったところ、波々伯部神社の祭礼写真は保存されているということであった。早速訪問し、写真を借用させていただいた。その折りに、西谷さんの撮影された写真のほぼ全てが保存されていることを知った。機会を得て勉強させていただきたい旨お話をし、改めてお伺いしたところ、保存されていた膨大なフィルムを準備して待っていて下さった。写真のコマ数を数えたところ、その数は実に六千五百コマ余りに達したのである。これらの写真は民俗学者西谷勝也の研究の足跡そのものであり、その人生の軌跡を示すものでもあった。

○西谷さんの仕事

西谷さんは、日本民俗学を樹立した柳田國男（一八七五～一九六二）を師とした。柳田は一九一三年に『郷土研究』を創刊、一九三五年に民間伝承の会を設立。一九四七年に民俗学研究所を設立、一九四九年に民間伝承の会を日本民俗学会へと発展させた。西谷さんが柳田國男の講演を聴いたのは一九三一年、言葉を交わし成城の自宅に招かれたのは一九三五年のことであった。その後、西谷さんは柳田國男の指導を得て、研究手法を確立していく。民俗学は非文字資料の研究であるように思われがちであるが、伝承や風習に文献資料を用いて検証を加える作業は重要であり、柳田はその点を怠ることはなかった。それだけに柳田の薫陶を受けた西谷さんの研究は、学問的に高い精度を有していた。柳田との交流については、『季節の神々』の「はじめに」、また、御自身が著された追悼文「柳田先生のことども」(『近畿民俗』31・32合併号　一九六二年)や「柳田先生と播磨」(『定本柳田國男集』月報21　一九六三年　筑摩書房)に詳しい。

『日本民俗学文献総目録』(日本民俗学会編　一九八〇年　弘文堂刊)によると、西谷さんの論考・著作はおよそ百件を数える。最も早い論考は一九三三年の「くゞりぬけの神事」(『播磨』二―七)、最後の著作となったのが後述する『季節の神々』であった。

日本海から瀬戸内海・淡路島にいたる兵庫県の研究が中心だが、岡山県の研究も含まれている。研究対象は、社寺の祭り、民俗芸能、家の年中行事、婚姻、葬送、生業、昔話など多岐にわたる。西谷さんの民俗への関心は断片を捉えるというものではなく、いわば総合学だったのである。

西谷さんが活躍されていた時期、兵庫県には太田陸郎や赤松啓介、河本正義、田岡香逸、玉岡松一郎など、民俗学の優秀な人材が輩出した。兵庫県の民俗研究の胎動期といえ、西谷さんはこれまでに蓄積された先人の研究を踏まえ、兵庫県の民俗について体系的に把握することを目指された。巨視的に民俗事象を見渡す西谷さんの研究は、兵庫県の本格的な民俗研究の基盤となるものであった。

○西谷さんと兵庫県

広い視野を持つ西谷さんだが、祭りや農耕儀礼を中心とする年中行事にはとりわけ関心が深かったようである。兵庫県の『郷土文化』、『播磨』などだけでなく、『民間伝承』、『旅と伝説』、『日本民俗学会報』、『近畿民俗』などの雑誌に、西谷さんは多くの兵庫県の年中行事等の民俗事象を紹介している。

西谷さんの研究の魅力は、事例報告にとどまらず、フィールドワークでの積み重ねと柳田から学んだ方法論により事例報告から普遍性を持つ論を展開した点にあると私は見ている。その成果は、上鴨川住吉神社（加東市）の秋祭り、波々伯部神社（篠山市）の祇園祭、播磨国総社（姫路市）の三ツ山大祭、淡路島のヤマドッサンをはじめとする農耕儀礼の研究へと結実する。何れもが先駆的な研究であり、その着実な研究は現在なお輝きを失っていない。

一九五八年から一九六〇年にかけて、『日本民俗学大系』全十三巻が刊行された。我が国の民俗を学問的に整理した最初の叢書で、第十一巻は地方別に調査研究の現状を報告している。そして、兵庫県の研究現状をまとめるという大任を果たしたのが西谷さんだった。一九六二年、東京教育大学の和歌森太郎による淡路島の総合民俗調査が行われた。三十人を越える調査団であったが、兵庫県在住の研究者として招聘されたのは新見貫次と西谷さんの二人のみだった。西谷さんは淡路島の農耕儀礼を知り尽くした人材としての招聘であったと推測している。また、一九五九年家島群島の総合学術調査が神戸新聞社の主催で行われたが、この時、西谷さんは民俗部門を総括している。この調査のことは、本書において檀上重光氏が述べている。こうした活動からも明らかなように、この時期、兵庫県の民俗学は西谷さんにより代表されていたと言っても決して過言ではない。

西谷さんの著作から代表的なものを二つ紹介しておきたい。一冊は一般書、もう一冊は専門書である。一般書は、『伝説の兵庫県』である。西谷さんは「はじめに」において、「この土地から生まれ出た伝説は、郷土の人たちの美しいロマンスを育ててきたのである。しかし、この民族の心の底に点ぜられた灯は、今や、一つ一つの夜明けの星のように、消え失せようとしている。今のうちにこの伝説の一つ一つを探りあてておくならば、わたくしたちの先祖が、何について、悩み、憧れ、そして、人知れず死んでいったか—そうした庶民の哀歓の情をつきとめることができるだろう。」と、自らの思いを綴っている。私も歴史を学ぶ学徒の一人としてフィールドに出向く度に「日本人の豊かさとは何だろう」、「日本人の幸福とは何だろう」と考えさせられる。兵庫県の伝説を摂津、播磨、丹波、但馬、淡路の旧の五か国に分類・整理した同書は、ふるさとの素晴らしさを伝える語り部のような一冊である。

専門書は、一九六八年に慶友社から出版された『季節の神々』である。専門書の書名としては少し柔らかい印象を与えるが、読み終えてみるとこの本にはこの書名しかないという思いにかられ、詩的な題名の深さに感じ入らされる。私たちの暮らしには、さまざまな神が登場する。暮らしの中の神、換言すれば「民俗的な神」と言うことになろうか。本書は淡路島において行われている農耕儀礼を中心に、それぞれの季節の神の姿・実像を明らかにしている。例えば、淡路島北部の農村では正月になるとヤマドッサンという神を祀る風習があった。ヤマドッサンは、正月になると村里を訪れてその年の豊作を予祝し、秋になると豊作を見とどけて山へ帰っていく。山と里を去来する神、作神（田の神）である。西谷さんは当時行われていたヤマドッサンの事例を集成し、その本質を見いだそうとされた。「はじめに」において、柳田からヤマドッサンについての研究指針や激励を受けたことを記している。なお、本書は一九六九年第八回柳田國男賞を受賞した。

残念なことだが、西谷さんが季節の神々の代表例とされたヤマドッサンの行事は、阪神淡路大震災による伝統的な民家の倒壊、明石海峡大橋の開通などによる社会の変化の中で途絶えてしまった。矩也氏によると、淡路島は西谷さんにとってとりわけ大切なところであったそうだ。御家族は遺言されたわけではなかったが、墓碑には西谷さんがヤマドッサンへの想い、淡路島への想いを詠んだ

やまどしの　手ぶりを懐しみ　幾年《いくとせ》　とめ来《こ》し　淡路島山々

という和歌を刻まれた。泉下の西谷さんは、さぞお喜びになったに違いない。

○残された写真

それにしても、西谷さんが撮影された膨大な写真が御家族のもとで保管されていたことは大変ありがたいことであった。戦前に撮影されたものは一枚ずつ小さな紙の袋に入れて整理され、戦後のものはネガシートで整理されていた。フィルムの種類は、モノクロのブローニーサイズと35ミリ、一部カラースライド（35ミリ）が含まれている。それぞれに撮影年月日と撮影場所、名称（行事名）を記し、被写体によってはそれ以上に詳しい情報が書き込まれていた。西谷さんの几帳面な人柄とともに研究者としての誠実さがひしひしと伝わってくる。

撮影期間は一九三四年から一九六八年に及ぶ。戦時中の写真は見あたらないものの、戦前、戦後、そして、高度経済成長までの風俗・風景が写しとられている。日本の社会にまだカメラが普及していなかった時代であり、まして村々の祭りや人々の暮らしぶり、民家や景観を撮影することは稀なことであった。こうした時期の写真が、西谷さんという民俗学者の目をとおして撮影され、数千枚も残されていたのである。まさに兵庫県を代表する民俗写真なのである。この写真の持つ意義はもっと大きいと私は思う。西谷さんの写真からは、日本人が既に失ってしまった生活に根ざした倫理観や幸福観を感じ取ることができる。日本人とは何か、これからの社会にとって大切な問いかけ、いわば現代的課題を考える上での手がかりが写し込まれているのではないだろうか。

もちろん、西谷さんの写真が学術的に貴重なものであることは言うまでもない。民俗学は事例の採取・報告を積極的に積み上げてきた。当時は事例報告等を掲載できる雑誌は少なく、執筆する字数にもかなり制約があった。ましてや写真を掲載することは、経費的に大変難しいことであった。そのため文章を読んでそれぞれの民俗事象をイメージするしかなく、どのような形をしているのか、どのような構造なのかなど、民俗事象の具体像を共有することは難しかった。西谷さんの写真は、そうした点を明らかにする上で極めて重要なのである。

本書に掲載する写真は、当初は学術的な写真を優先させたいと考えていた。しかし、学術・学問は広く社会に還元されるべきものであり、西谷さんの論考・著作を読み進める中で御本人もそのようにお考えになっていたのではないかと感じた。そのため、学術性も重んじつつ、多くの方に関心を持ってもらうことができる暮らしと景観を基本に据えて写真を選定した。西谷さんのひたむきな民俗学徒としてのお仕事に思いを馳せていただくとともに、日本の今を、そして、未来を考える素晴らしい材料を共有できる喜びを感じていただければ幸いである。

本書を編むにあたり、西谷さんの御子息矩也氏には大変お世話になった。整理作業が遅れ、ネガ

フィルムの借用も長期に及んだにもかかわらず、辛抱強く見守っていただいた。西谷さんのお宅に写真の借用のために訪れたのは二〇〇八年十二月十七日のことであった。当時武庫川女子大学関西文花研究センター研究員であった久下正史（現、灘中学校・高等学校教諭）と二人で伺ったのだが、あまりの写真の多さに驚いたことをついこの前のように覚えている。手提げ袋や鞄に入れて持ち帰らせていただいたが、ＪＲ宝殿駅まで歩くうちに重さが増していった。しかし、その重さは西谷さんの業績の大きさを感じさせ、二人とも充実感でいっぱいだった。写真のデータ化にはかなりの時間を要したが、これはひとえに久下氏の尽力に拠るものである。

本書の編集にあたり、西谷さんと親交のあった方を探したが、お亡くなりになってから四十五年という歳月がたっており人選が難航した。親しくしていただいている古山桂子氏に相談したところ檀上重光氏を紹介していただいた。原稿の執筆をお願いしたところ、快く引き受けていただいた。西谷矩也氏にも厚かましいお願いをし、原稿をお寄せいただくことができたことは本当に感謝に耐えない。

本書が恙なく出版の運びになったのは多くの方の御協力によるものであることをここに記してお礼を申し上げたい。

現地を訪れ調査する西谷勝也さん〔昭和39（1964）年9月〕

茅葺きの農家　宍粟市一宮町公文〔昭和32年（1957）11月24日〕

東
醤油
ヒガシマル
龍野

篠山市古市の町並み〔昭和36年（1961）8月24日〕

囲炉裏端　佐用郡佐用町大畑〔昭和29年（1954）3月28日〕

山の仕事　宍粟市波賀町〔昭和38年（1963）8月25日〕

田植え　三木市口吉川町西中（昭和31年（1956）6月16日）

城崎駅の行商人　豊岡市城崎町湯島（昭和34年（1959）5月17日）

乾魚の加工場　美方郡香美町香住区沖浦〔昭和34年(1959) 5月17日〕

遺された調査ノート

西谷氏愛用のカメラ

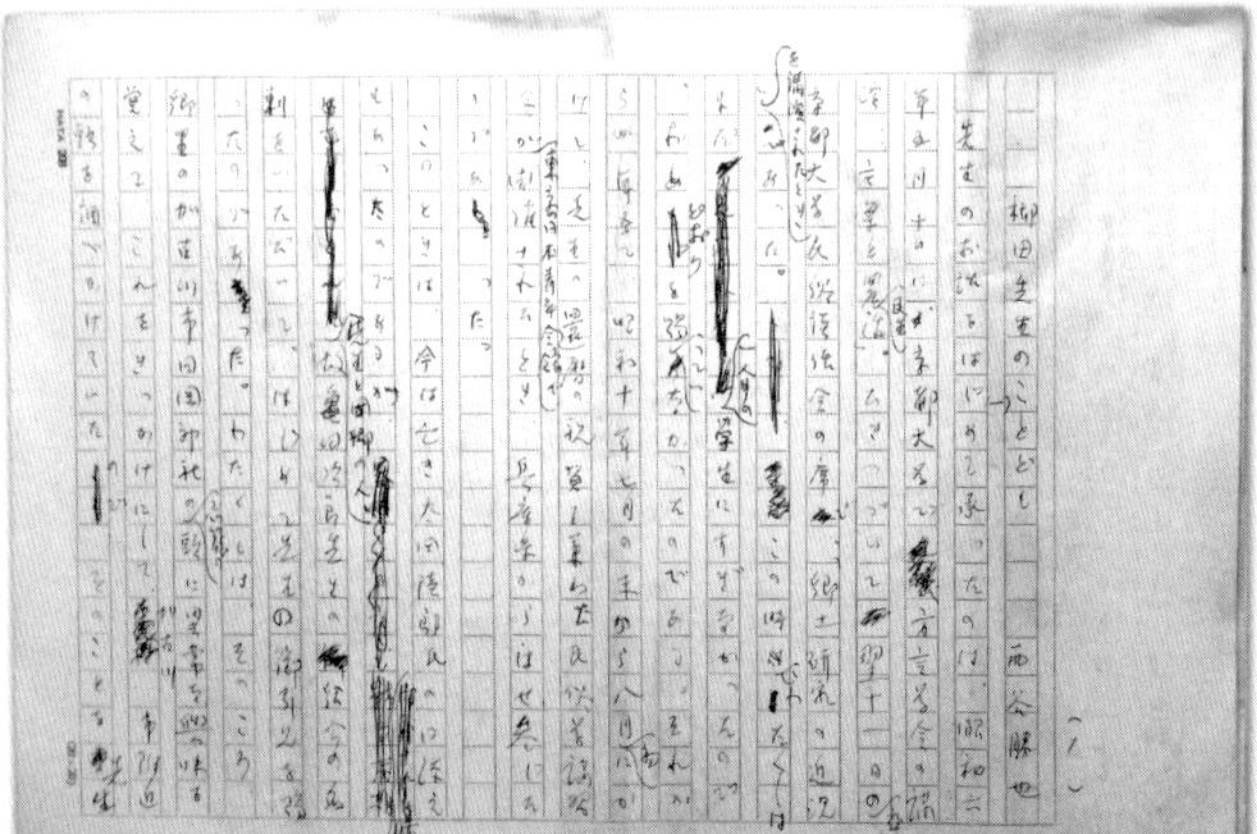

原稿
「柳田先生のことども」

1

民俗芸能——鬼追い、追儺式

新たな年を迎えると、播磨や摂津・丹波など各地で鬼が舞う。鬼追い、追儺式、その呼び名はさまざまだ。修正会や修二会の結願を迎えた天台宗や真言宗の寺院で、あるいは節分の日の神社でと、鬼踊りの舞台も地域によって異なる。西国街道に沿って、加古川や市川、夢前川などの河川に沿って、鬼たちのネットワークが張り巡らされているようだ。

鬼追い、追儺式は、県内でおよそ三十例知られている。ここに現れる鬼は、「鬼は外」と豆によって人々から追いはらわれる鬼でも、人を取って食う恐ろしい鬼でもない。寺や神社で、鬼たちは手に松明を掲げ、太刀や鉾を持ち、法具や稲に見立てられるハナを手に舞う。そうして、人々の災いを取り去り、福を招き寄せ、五穀豊穣を予祝してくれるのだ。毘沙門天や不動明王など、神仏の化身とされる鬼たちもいる。

古代の朝廷に中国から輸入された追儺の儀式は、やがて中世に寺院の正月の法会と結びつき、村々の習俗と融合していった。農耕儀礼と深くかかわる、春を招く鬼たちが、ほの暗い寺の内陣で、社殿の前の舞台で踊る姿。そして、その鬼たちを喜び迎え、見つめる人々の姿が、ここに生き生きと記録されている。

◎長田神社　神戸市長田区長田町　昭和37（1962）年2月3日

節分の日に行われる古式追儺式。左肩に太刀を担ぎ松明をかざして舞う鬼

中央は１年をあらわす12個の影の餅（鬼の餅）、拝殿の両脇には餅花が飾られる

練り込みでは白木綿を頭巾にした姿の鬼役

法螺貝と太鼓の音に合わせて鬼が登場する

追儺式の最後の行事、餅割りの所作をする餅割鬼
〔昭和38年（1963）2月3日〕

◎妙法寺

神戸市須磨区妙法寺　昭和38（1963）年1月3日

太郎鬼による餅切り

右手に木槌、左手に松明を
持った次郎鬼

黒い鬼衣のジカ鬼は左手で面を持ち上げ気味に踊る

◎多聞寺　神戸市垂水区多聞台　昭和39（1964）年1月5日

三宝を持って踊る太郎鬼、次郎鬼、ばば鬼

樫の棒を持ち頭には藤蔓を茶色に染めた「赭熊(しゃぐま)」を被る子鬼

鬼の持つハナは最後に境内の参拝者に撒く

◎転法輪寺

神戸市垂水区名谷町　昭和42(1967)年1月7日

太郎鬼（八幡さん）、次郎鬼（春日さん）、ババ鬼（天照皇太神さま）の三匹の鬼と4匹の子鬼によって行われる転法輪寺の鬼追い。写真は餅割り。
それぞれの鬼が持つ斧、槌、槍で参拝者の頭をなでてもらうと体が丈夫になるといわれる

頭に赭熊をつけ白足袋を履いた子鬼が樫の棒を持って踊る

◎明王寺

神戸市垂水区名谷町　昭和38（1964）年1月

鬼追いに用いる鬼の花。
樒の木の枝に造花をつけたもの

四股を踏む鬼。鬼面には
角はなく耳が立っている

腰まで届く長い紙垂れを
被り樫の棒を持った子鬼。
二匹ずつ向い合い太鼓の
音に合わせて踊る

◎近江寺　神戸市西区押部谷町近江　昭和37（1962）年1月11日

近江寺の修正会では赤鬼・青鬼・婆々鬼・子鬼が登場。右手に斧や槌の採り物を持ち、左手に松明をかざして踊る。子鬼は二匹一組で棒を打つ。花の踊りでは造花の鬼の花を持って踊る。花は持ち帰って家の軒先に差して置くと厄除けになるという

花の踊り

松明を合わせてから屈み腰で向かい合う鬼
性海寺の鬼は本鬼（赤色・青色）と走り（チョキ）。それぞれ左手に松明を持ち、右手には斧・槌や柄杓・鉾などを持つ。8匹の子鬼は赭熊を被り、棒を持つ

榊の枝に造花をつけた鬼の花。最後に鬼がこの花を持って踊る

鶴林寺では1月8日の修正会悔過法要のあと鬼踊りが行われる。須弥壇に登場した赤鬼・青鬼が松明をかざし、屈んだり四股を踏んだりして踊る。最後は内陣に吊り下げた鏡餅を、鬼が斧や鉾で割る真似をする

鬼の花の垂れ具合でその年の豊凶を占う〔昭和34年（1959）1月8日〕

○○報恩寺　加古川市平荘町山角　昭和37（1962）年1月21日

○○常楽寺　加古川市上荘井ノ口　昭和39（1964）年3月1日

【常楽寺】

介添え役に手を借り松明を振って踊る鬼。常楽寺の赤鬼は木製の槌と斧、青鬼は木製の剣をそれぞれの腰に差す

【報恩寺】
読経が終わると、鬼は境内に松明を投げ入れる。この木片を家の戸口に据えると厄除けになるという

【報恩寺】
鬼の面を被せてもらう。鬼の力を授かるといい無病息災を祈る

以前は1月15日に行われていたという鬼追踊。翁（住吉明神）と赤鬼は松明を、青鬼は斧、黒鬼は剣、小豆鬼は錫杖を持ち、太鼓の音に合わせて踊る。最後の「餅割り」では樒（しきみ）で包んだ鏡餅を松明で焼く

錫杖を持つ小豆鬼

翁（住吉明神）による祓いの踊

国宝・朝光寺本堂の堂前で行われる鬼の踊

高薗寺の赤鬼は腰に槌を差し、右手に松明、左手に斧を担ぐ。青鬼は左手に松明を持つ。「餅切り」の行事では木の枝に紅白の切り紙を貼り付けた「梅の花」を担いで踊る

草履を前に置き布団にまたがった鬼役

◎円教寺　姫路市書写　昭和40（1965）年1月18日

毎月１月18日に修正会の結願として鬼追いが行われる。青鬼は乙天（不動明王の化身）、赤鬼は若天（毘沙門天の化身）といわれる。赤鬼（写真左）は槌を背負い鈴と松明を持ち、青鬼は宝剣を持つ。半鐘の音に合わせて須弥壇を巡る

天井から垂らした鬼の花と
長押に吊るされた鏡餅
〔昭和34年（1959）1月18日〕

◎随願寺 姫路市白国 昭和40（1965）年2月8日

本堂内陣前の赤鬼と青鬼。随願寺の鬼追いはかつて扉を閉めた堂内で行った。暗い中に赤鬼と青鬼が勢いよく合わせる松明の火の粉が飛び散る。昭和45年頃からは2月11日に行われるようになった

境内では護摩焚きが行われる

◎魚吹八幡神社 姫路市網干区宮内 昭和37(1962)年4月5日

向き合ったり背中を合わせたりして踊る赤鬼と青鬼。魚吹八幡神社の鬼追い(武神祭)は、現在は3月から4月の日曜日に行われる。善界(子鬼)、再来子(赤・青)、赤鬼、青鬼が登場する

供物の「鬼の大鏡餅」

四股を踏みながら鉾を床に打ちつけて舞う再来子

五匹の鬼が勢ぞろい

多くの参詣者が詰めかけた境内で行われる餅撒き

◎神積寺　福崎町東田原　昭和38（1963）年1月15日

神積寺の参道

本尊薬師如来の化身ともいわれる山の神。赤鬼・青鬼は脇士の不動明王・文殊菩薩の化身ともいう。山の神は棕櫚（しゅろ）の髪に大きな鼻が特徴的な面をつけ幣を持つ。鬼は松明を持って境内で舞う

2

民俗芸能——四季の郷土芸能

西谷氏が訪ね歩いた兵庫県の祭りは、いったいどれほどの数に上るだろう。各地の祭りで奉納される、いわゆる郷土芸能の数々がモノクロの写真の中に記録されている。祭礼に参加する人々の熱気が伝わり、一心に吹く笛の音や打ち鳴らされる太鼓の音まで聞こえてくるようだ。「リョンリョン」「ジョマイ」などと呼ばれる王の舞。里で、海で、勇壮に飛び跳ねる獅子舞。恵みの雨への想いがこもった、ザンザカ踊やチャンチャコ踊。装束を着けて夢中で舞う人々、白黒の写真の中から鮮やかな色彩が浮かび上がってくるようだ。今はその子どもや孫、曾孫たちが踊っているのではないだろうか。

江戸時代以降、娯楽として人気を博した歌舞伎や人形浄瑠璃は、都市から地方へ広まり、村人たちの手によって村祭りの芸能として定着した。地域の歴史を秘めた祭礼とそこで演じられる郷土芸能が、四季の巡りにしたがって写真の中で展開していく。ここで取り上げた17の祭礼はいずれも兵庫県の重要な民俗芸能であり、歴史的な財産でもある。人々の衣装や背景の景色は変わったものの、多くの郷土芸能が今も脈々と伝承されていることを西谷氏とともに喜びたい。

◎北条の節句祭

加西市北条町北条

播州の代表的な春祭り、住吉神社の節句祭。お旅所の大歳神社の前で勇壮に錬る屋台
〔昭和39年（1964）4月3日〕

兵庫県の無形民俗文化財に指定されている竜王舞。鼻高の面をつけ頭には紙製の鳥兜を被る。最初は鉾を持ち後には素手で、笛と太鼓の囃子で舞う〔昭和39年(1964)4月3日〕

神輿が還御した後に供えられる御手供(おてご)の餅〔昭和37年(1962)4月4日〕

竜王舞の後、前庭の小高く土盛りした勅使塚の上で鶏合せが行われる〔昭和37年(1962)4月4日〕

御旅所を出た屋台。沿道には多くの人々が詰めかける〔昭和35年（1960）4月3日〕

◎天津彦根神社の人形芝居
神戸市北区山田町原野

全国でも珍しい人形芝居の農村舞台。人形浄瑠璃や歌舞伎は農村の大衆娯楽として
兵庫県でも播磨・但馬地方で盛んだった〔昭和37年(1962)3月21日〕

◎伊弉諾神宮の春祭り

淡路市多賀

国生み神話で知られる伊弉諾尊（いざなぎのみこと）、伊弉冉尊（いざなみのみこと）を祀る伊弉諾神宮。淡路の春を代表する盛大な祭りで、舟だんじりや布団だんじりが練り歩く〔昭和40年（1965）4月22日〕

◎家島神社の檀尻船

姫路市家島町

真浦の獅子舞。7月24、25日に行われる天神社（家島神社）の祭りで、船の上での獅子舞は珍しい。獅子が檀尻船に乗り込むと、真浦港から天神社のある天神鼻まで海上を渡御する
〔昭和34年（1959）7月25日〕

2隻の船を並べてつなぎ合わせ、その上に舞台を組む〔昭和34年（1959）7月23日〕

◎波々伯部神社の祇園祭

篠山市宮ノ前

8月に祇園祭が行われる。3日を「山結（やまゆい）」と称してお山を作る。真竹と藤蔓で作られた二基のお山の上で人形繰り（デコノボウ）が演じられる
〔昭和36年（1961）8月5日〕

境内の露店
〔昭和34年（1959）8月5日〕

8月4日の宵宮と5日に檀尻山の宮入りがある。
曳山が宮入りするとお旅所へ渡御が行われる
〔昭和34年（1959）8月5日〕

演目に合わせて人形や衣装を準備する〔昭和35年（1960）8月2日〕

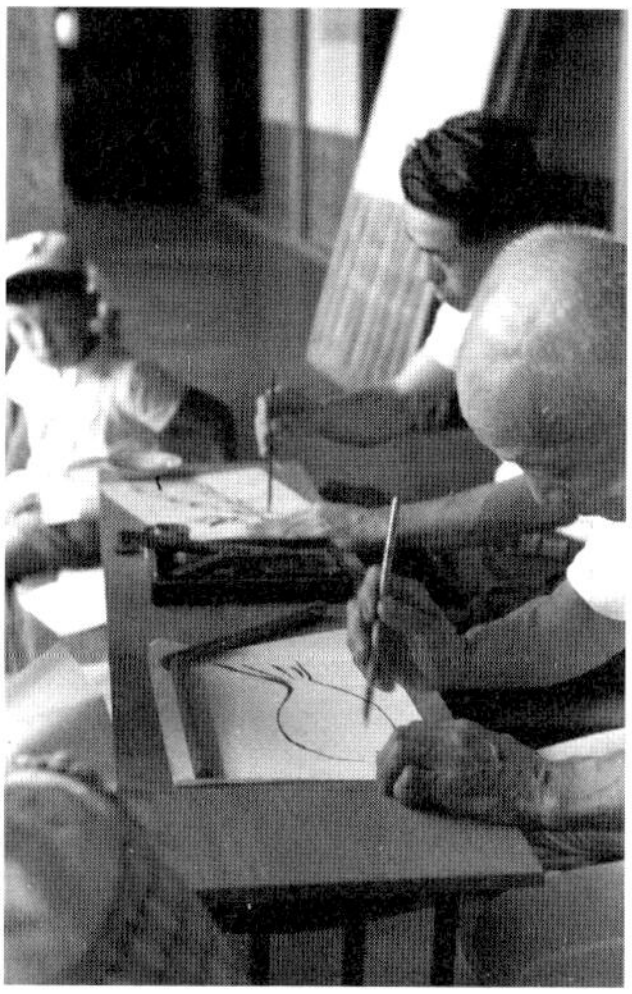

虫干しの際に描く藤の花と鯛の絵
〔昭和35年（1960）8月2日〕

社前のやま〔昭和35年（1960）8月5日〕

ヤマの上で人形繰りをする
〔昭和35年（1960）8月5日〕

カミサンムカエをする踊り子。
太鼓を打ってお山を曳き入れる
〔昭和35年（1960）8月5日〕

◎山王神社のザンザカ踊

朝来市和田山町寺内

寺内のザンザカ踊は太鼓踊ともいわれ、シナイと呼ぶ団扇を背追った二人の中踊りと十人ほどの側（がわ）踊りが太鼓を打ちながら踊る。「ザンザカ、ザンザカザットゥ」という囃子言葉が名前の由来ともいう〔昭和40年（1965）7月15日〕

中踊りは１年12カ月を表すという12本の竹すだれをつけたシナイを絡ませるように踊る

村の光福寺の境内でも、中踊りを中心に側踊りが輪になって踊る

◎原八幡神社のチャンチャコ踊

宍粟市波賀町

紺絣の着物に襷を結び菅笠を被ったかんこ打ちと、3人の新発意(しんぽち)の少年が、太鼓を打ち、囃子方の歌に合わせて向い合って踊る。かんこ打ちは締太鼓を2本の棒で挟んで腰につけ、五色紙房のついたバチを両手に持つ。新発意は陣羽織を着け、笹竹に三角の金紙や赤と白の紙垂をつけた竹杖を左手に、右手には金属の輪を束ねたヂャンヂャンを持つ。現在では8月の地蔵盆に八幡神社でチャンチャコ踊を奉納する〔昭和38年(1963)8月25日〕

◎横山神社のチャンチャコ踊

宍粟市一宮町横山

横山神社では９月17日にチャンチャコ踊を奉納する。新発意（しんぽち）の衣装は赤い絹の下着に白衣を重ね着して兵児帯（へこおび）をしめる。裾割りの黒陣羽織を着て鉢巻きをし、手に金銀の色紙を貼った唐団扇（からうちわ）と小笹に金銀の色紙と紙垂をつけたシデを持つ。踊り子は一重の膝までの着物に兵児帯を締め、紅白の襷を背中で大きく蝶に結ぶ。笛、鉦、太鼓に合わせて踊る〔昭和36年（1961）9月17日〕

長刀、細い割竹に紅白の紙で作った造花、毛槍、傘などを先頭に行列を組んで神社に向かう〔昭和36年（1961）9月17日〕

◎上鴨川住吉神社の神事舞

加東市上鴨川

10月4日、5日の祭礼に奉納される神事舞。リョンサンの舞・田楽・扇の舞・高足・翁舞などがあり、国の重要文化財に指定されている。リョンサンの舞（太刀の舞）は鼻高面を被り鉾を持って舞う〔昭和39年（1964）10月5日〕

翁舞〔昭和39年（1964）10月5日〕

田楽〔昭和39年（1964）10月5日〕

本祭の長床での行事〔昭和39年（1964）10月5日〕

長床での盃事、薦に座す神主と禰宜〔昭和39年（1964）10月5日〕

太鼓やビンササラを持って跳躍しながら踊る田楽
〔昭和35年（1960）10月5日〕

リョンサンの舞
〔昭和35年（1960）10月5日〕

扇を開くと同時に棒の横木に左足の指先をかけて
一本足で跳ぶ〔昭和35年（1960）10月5日〕

「高足」は棒の横木に両足をかけて
跳びはねる〔昭和35年（1960）10月5日〕

◎若宮八幡神社のヤホー神事

三木市吉川町稲田

獅子を先頭に赤い鬼面をつけた棒ふり鬼、締太鼓と続く行列が社殿に向かう
〔昭和36年（1961）10月15日〕

稚児が入ったヤマカヤ

社殿の前に作られたヤマカヤ。中の稚児と馬上の稚児が神歌を交わす

◎高砂神社の秋祭り

高砂市東宮町

シデ振りと神輿の陸渡御〔昭和35年（1960）10月〕

馬に乗って出る「一ツ物」〔昭和41年（1966）10月10日〕

幟が林立する神社の境内〔昭和41年（1966）10月10日〕

◎曽根天満宮の秋祭り　高砂市曽根町

狩衣に山鳥の羽根を立てた花笠をつけた馬上の「一ツ物」。派手な長襦袢を着て頭に布を被り鉢巻をした馬の口取りが馬を引く〔昭和37年（1962）10月14日〕

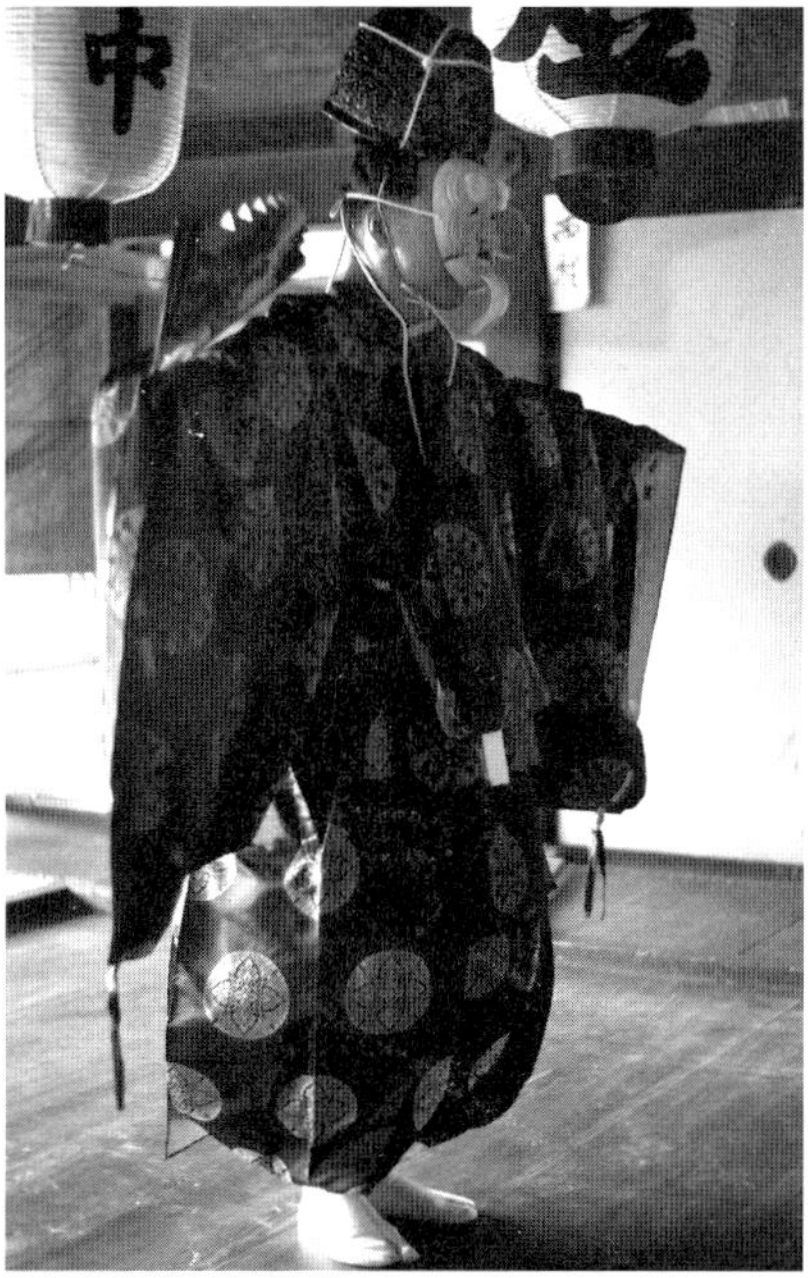

翁の面をつけて舞う「お面掛」
〔昭和37年(1962)10月14日〕

一ツ物を先導した幟の竹を勢いよく打ちつけて割る「竹割り」〔昭和37年(1962)10月14日〕

◎熊野神社の浄舞

福崎町西田原

熊野神社の秋祭りには、神輿渡御、屋台の練り込みとともに浄舞（ジョマイ）が奉納される。浄舞はリョンサンの舞、龍王舞などともいわれる王の舞
〔昭和41年（1966）10月17日〕

◎天満神社の獅子舞

加古川市神野町

神野町石守地区の獅子舞。播州は獅子どころ。伊勢太神楽の系譜をひく獅子舞
〔昭和41年（1966）10月16日〕

◎下谷上の農村歌舞伎

神戸市北区山田町下谷上

兵庫県には農村歌舞伎の舞台が多く現存する。なかでも北区山田町下谷上の舞台は規模も大きく廻り舞台を備えた貴重なもの。寿式三番叟で女形の大夫が翁をつとめるのは播州歌舞伎の特色という〔昭和41年(1966)10月22日〕

◎追入神社の三番叟

篠山市追入

追入神社の祭礼で行われる「三番叟」は篠山市内に残る唯一のもの。面をつけない三人の子どもが一人ずつ、一番叟、二番叟、三番叟と続けて踊る。その後に白い翁面と黒い翁面（黒色尉と白色尉）をつけた二人の子どもが「鈴の舞」を奉納する
〔昭和42年（1967）10月8日〕

◎池尻神社の人形狂言

篠山市町ノ田

人形狂言の演目は「神変応護桜（じんぺんおうごさくら）」。都の若者・八重垣が大蛇を退治し人身御供の稲田姫を救うという物語。登場する人形はほかに禰宜、翁嫗（姫の祖父母）で、2人または3人遣い。地唄、囃子方は人形遣いとともに幕の内側に入る〔昭和39年（1964）10月11日〕

3

年中行事とまつり——共同体・ムラ(村)の祭祀

一年間の農事暦は、村の祭り暦でもあった。年頭には、ハナフリ・オコナイなどと呼ばれる儀式がどこの村でも執り行われる。供え物には、重く実った稲穂のシンボルである、モチバナなどが登場した。御田植祭もまた、正月や春先に田植えの所作を行って豊かな実りをあらかじめ祝う祭りだ。村の正月は行事が多い。マトと呼ばれる魔を祓う弓矢の行事、小正月のキツネガリ。狐を追う唱えごとを唱えつつ、子どもたちは災厄を村から追い出す。夏の虫送りも、彼らの手で稲の害虫を村外へ送り出す行事だった。盆の火祭りにも、子どもたちが活躍する。幼い日の記憶を蘇らせた方もおられるにちがいない。かつては、大人も子どもも、実際の農作業の一方で幾度となく秋の豊かな実りを願ったのだ。

村の年中行事を担う組織はオトウと呼ばれ、一年間村の氏神様を守り、年中行事や祭りの中心となるトウニンは重要な役割を果たした。水垢離をとるトウニン夫婦など、今は急速に消えつつある各地のトウニンの姿が西谷氏の写真の中に遺されている。村の祀りに大社寺の祭礼の華やかさはない。けれども、それだけにいっそう村人の真摯な祈りが伝わってくるようだ。

年頭に村人が集まってその年の豊作を祈る、そうした行事のひとつがハナフリである。兵庫県では西摂・北摂地域に集中してみられ、東播地域、丹波地域でもみることができる。ハナとは、青々とした葉のついたサカキやシキミの枝のこと。祈祷を受けた牛玉宝印をハゼなどの木で作った棒に挟んだものが、そう呼ばれることもある。ハナフリという呼称は、こうしたハナを稲に見立てて振ったり、打ち付けたりするためだ。大きな声を上げて、人々が互いにハナを打ち合う地域もある。こうした行為によって、穀霊を呼び覚まし、豊かな実りがあるようにと願うのである。ハナを振る時、「一寸の稲粒、五尺の穂垂れ、ああめでたい、豊作だ、豊作だ」といった予祝の詞が唱えられたりもする。稲作に従事する人々にとって、正月のハナフリは真剣な祈りの場だった。実際に農作業が始まると、ハナは苗代田の水口などに祀られ、田畑で働く人々を見守ったのである。

神戸市西区押部谷町栄〔昭和40年（1965）1月4日〕

神戸市西区押部谷町木見〔昭和41年（1966）1月2日〕

神戸市西区押部谷町栄
〔昭和40年（1965）1月4日〕

神戸市西区押部谷町木津〔昭和38年（1963）1月2日〕

神戸市西区押部谷町西盛　大年神社
〔昭和33年（1958）1月3日〕

ハナを稲に見立てて田に立てる
三田市下相野〔昭和39年（1964）1月3日〕

神戸市西区櫨谷町友清〔昭和41年（1966）1月5日〕

篠山市今田町木津の年頭行事とハナフリ（昭和37年（1962）1月2日）

◎オトウ

今では、神社や寺院、村堂の神事や法要は、神職や僧侶の手によって執り行われるのが当たり前になっている。しかし、かつては、村人が自分たちで神社や寺・堂の神事や法要を担う姿が多く見られた。そうした組織は一般に座と呼ばれ、生まれると、あるいは一定の年齢になると座入りし、村の年中行事をひとつひとつ自分たちの手で営んだ。兵庫県ではオトウと呼ぶ例が多い。村の神社やお堂での神事や法要そのものをオトウと呼ぶ場合も少なくない。その行事が行われる日や場所によって、「二日頭」「堂の頭」といった呼び名が付けられた。そして、その年の神事や法要を中心になって担う人をトウニンと呼ぶ。「頭屋」という、古い呼称も残っている。トウニンは大人だけでなく子どもである場合もあるが、その仕事は大変だった。マトの行事で矢を射たり、神主や僧侶の役割を果たしたり、あるいは供え物を準備したり、直会で人々に御神酒や神饌を分け与えたり。その重い責任を全うし、人々は本当の意味で村の一員になったのである。

【大歳神社の二日頭】

神戸市西区伊川谷町布施畑
〔昭和39年（1964）1月2日〕

【五日頭】

神戸市西区伊川谷町布施畑〔昭和42年(1967)1月5日〕

【堂の頭】

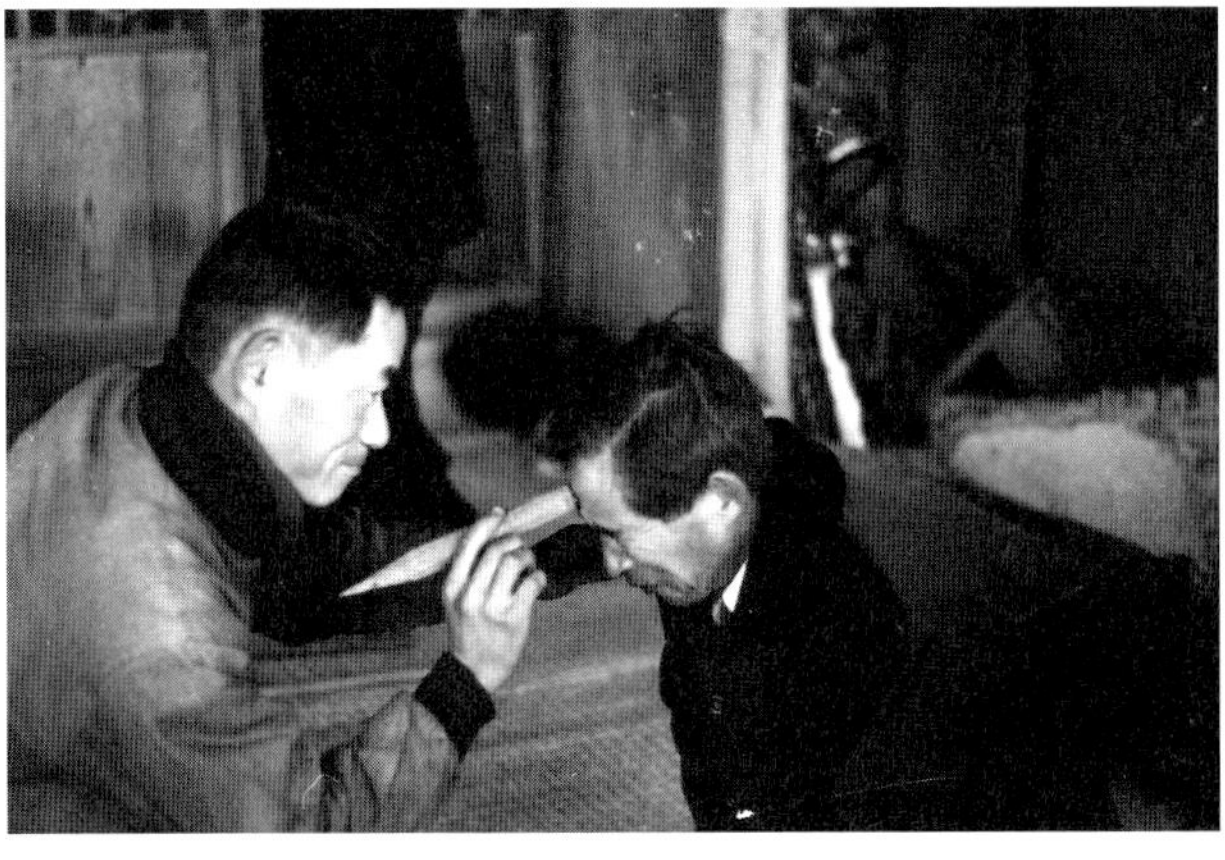

額にインノコ（牛玉宝印）を押す

加東市東条町長谷〔昭和42年（1967）1月4日〕

【加東市家原の頭屋】

〔昭和32年（1957）1月1日〕

〔昭和34年（1959）1月2日〕

【熊野神社のお頭】

ジオコシ

成木責め

小野市後谷　熊野神社〔昭和34年（1959）1月3日〕

【阿弥陀堂の頭】

堂への出立ち

左:本頭(父子)、右:新頭(父子)

インノコ(牛玉宝印)を参拝者の額に押す

ゴウヅエと餅を持ち帰る

堂をゴウヅエで叩く

神戸市北区大沢町市原　阿弥陀堂〔昭和40年(1965)2月7日〕

◎マト

マトは、弓で的を射る行事をいう。新年に神社を中心として行われ、全国に広く分布している。兵庫県では、特に淡路・摂津・東播地域に事例が多い。「鬼」という字を書くところ、田畑を荒らす害獣であるイノシシ・シカ・ウサギなどの絵を描くところなど、的の形や装いはさまざまだ。けれども、その年の悪鬼邪霊を祓い、豊作を祈るという、マトに臨む人々の気持ちは共通している。正月行事として、ハナフリなどとともに行われる地域もある。マトの行事はオトウによって行われるところが少なくない。かつては、厳格な潔斎が求められる場合が多かった。

八多神社のマト行事　神戸市北区八多町下小名田〔昭和40年(1965)1月10日〕

神戸市西区押部谷町木津
〔昭和38年（1963）1月2日〕

神戸市北区八多町深谷
八王子神社
〔昭和40年（1965）1月2日〕

加東市馬瀬〔昭和39年（1964）1月3日〕

◎キツネガリ

キツネガリは、子どもたちによる小正月の行事である。キツネガエリと呼ぶ地域もある。兵庫県では、但馬・丹波・播磨北部に多く分布した。1月14日の夜や15日の早朝、御幣を持った子どもたちが、村に伝わるキツネガリの唱えごとを声をそろえて唱えながら、家々を一軒ずつまわり、その御幣を村境に立てて歩く。名称からキツネを追い払う行事のように思われがちだが、西谷氏が著書『季節の神々』の中で述べているように正月の神送りであり、村の一年間の安全を願う村祈祷のお祓いでもあった。

【多可町中区のキツネガリ】

多可郡多可町中区安福田〔昭和36年（1961）1月14日〕

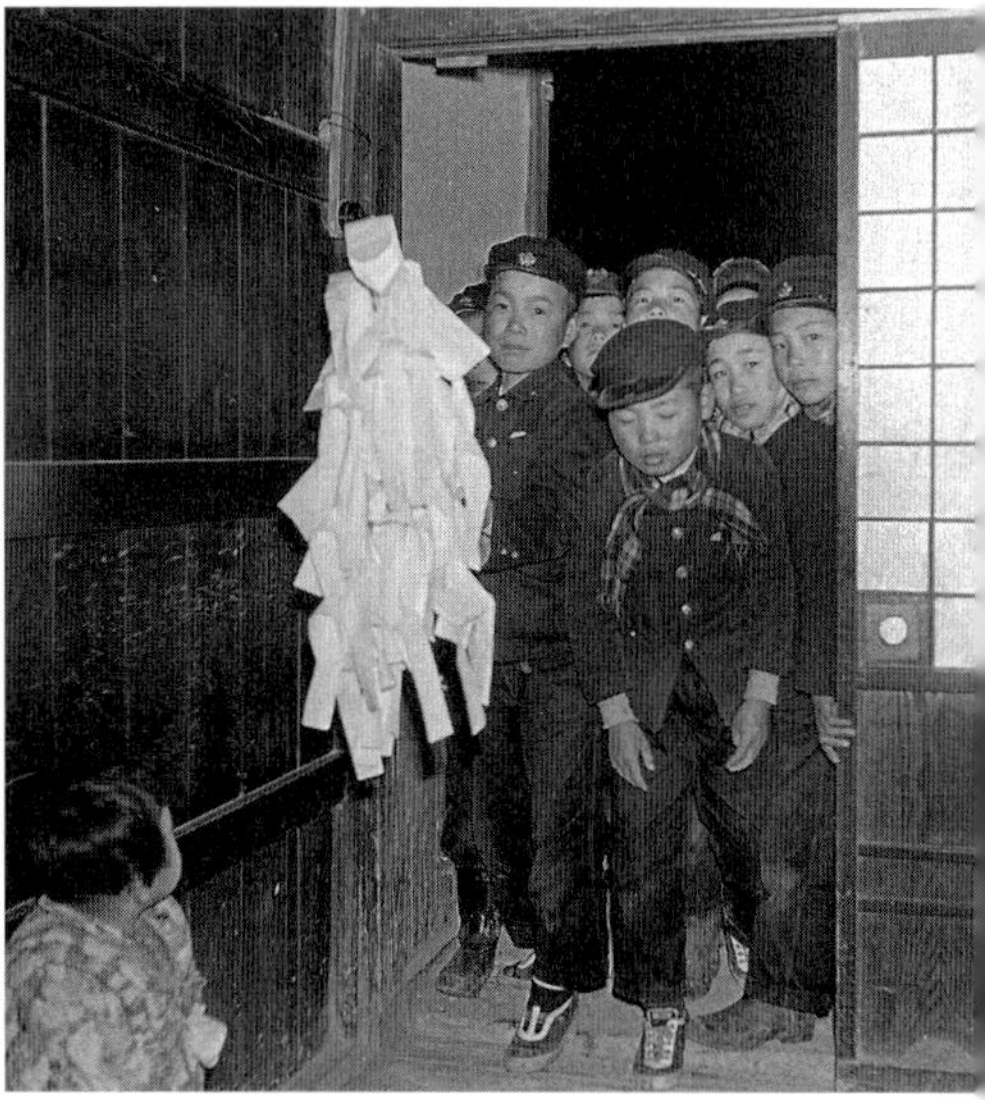

【神河町のキツネガリ】

神崎郡神河町東柏尾〔昭和34年（1959）1月14日〕

◎ツナマキ

加古川市野口町野口の荒神社で、1月に行われる。神社の所在地は、かつて大辻と呼ばれていた。氏子の人々がトウニンの家に集まり、20メートルもある大縄をなう。神事・酒宴が済むと、サカキの小枝や御幣などをつけた大綱は神社へ。トウニンは大綱を抱え持ち「巻いたろ、巻いたろ」と言いながら、境内にいる人たちを巻き込んでいく。大綱に巻かれると、一年を無事に過ごせるという。全員が巻かれた後、大綱を社殿前の2本の木に掛け渡し、行事は終わりを告げる。なお、境内の地蔵堂では、正月に生まれた男の子の名を記す「ドノトウ」が行われる。

加古川市野口町野口〔昭和33年（1958）1月26日〕

〔昭和29年（1954）5月9日〕

◎無動寺のオコナイ

神戸市北区山田町の無動寺で２月に行われる、五穀豊穣を祈る新春の行事。オコナイに先立って、無動寺横の若王子神社で神事があり、寺の庫裏でシュウシと呼ばれる宴が行われる。シュウシで振る舞う膳や小豆汁は、一般の参詣者にも振る舞われた。その後住職が修正会を勤めている間、本堂に集まった人々は、カシやシイの木で作ったオコナイの棒で床に置かれた板を激しく打つ。かつては、ササラ状になった棒に御札を挟んだものを八十八夜に苗代田の水口に立てた。

神戸市北区山田町福地〔昭和36年（1961）2月5日〕

◎広峯神社の穂揃式

姫路市の広峯神社は、農業の神として広く信仰された。４月18日の穂揃式には、県内はおろか岡山・鳥取・京都からも参詣者が集まったという。早稲・中稲・晩稲にわけて稲穂を神前に奉納、豊作の品種を占う神事が行われる。穂揃式の稲穂は「天王穂」と呼ばれ、人々が競って持ち帰ったという。穂揃式に先だって、4月3日には御田植祭がある。なお、18日には走馬式、馬駆けによる豊凶占いも行われる。

姫路市広峰山〔昭和40年（1965）年4月18日〕

◎コト（コトノハシ）

コトとは、正月が過ぎてから雨や雪で戸外で働けない日に近所が集まって餅を搗き、ともに飲食する行事。但馬を中心に、丹波・播磨北部に多く見られた。1月から4月の間に行われる。隣保ごとの会食という形が多いが、一年の祭事ごとのはじめとして神を祀るのだと伝える地域もある。本来は、農作の神である、一本足のコトの神様を祀る行事だったのだろう。コトのために特別に作られる箸を、コトノハシと呼んだ。使い終わった箸を藁で編み、片足のゾウリや杵とともに道端や、川端の木にぶら下げる。そうした光景は、村里の春の風物詩のひとつだった。

朝来市多々良木〔昭和33年（1958）5月5日〕

神崎郡神河町寺前、上小田
〔昭和31年（1956）4月〕

朝来市和田山町（糸井）
〔昭和31年（1956）3月31日〕

神崎郡神河町寺前、上小田
〔昭和31年（1956）4月〕

朝来市新井〔昭和33年（1958）5月5日〕

5月5日、豊岡市の出石神社ではノボリマワシという行事が行われる。そろいの衣装の中学生たちが境内で幟を立てまわした後、竹法螺《たけぼら》を吹きながら初節供を迎えた氏子の家々へ向かう。到着すると、「よいよいばいやな」で始まる言上を述べ、幟をもった石突き役が地突きをしながら回る。初節供を迎えた子どもを祝福する、にぎやかな端午の節句の行事だ。祭神天日槍命にまつわる伝承も残されている。

豊岡市出石町宮内　出石神社〔昭和40年(1965)5月5日〕

◎虫送り

農薬がなかったころは、稲作の大敵は害虫だった。その害虫を子どもたちが村の外へ送り出す行事が、虫送りである。かつては県内各地で行われていたが、農薬の普及後は急速に衰えた。子どもたちは、鉦や太鼓、法螺貝を鳴らし、歌を歌い、松明を持って、麦わらの馬に乗ったサネモリ人形を先頭に村の中を練り歩く。サネモリとは、平家の武将斉藤実盛のこと。実盛は稲株につまずいて敵に討ち取られ、それを恨んで稲の害虫になったと伝えられている。麦わらのサネモリは子どもたちとともに村境に向かい、村の外へと送り出された。

サネモリ人形

多可郡多可町中区天田〔昭和35年（1960）7月18日〕

多可町中区天田〔昭和35年（1960）7月18日〕

サネモリ人形　多可町中区牧野
〔昭和31年（1956）8月8日〕

村境まで送る　多可町中区天田〔昭和35年（1960）7月18日〕

◎サイレンボウズ

サイレンボウズは、盆の火祭りのひとつ。８月14日は井関三神社で、15日は恩徳寺で行われる。サイレンボウズは、長い竹竿の先を割って丸い竹かごを作り、ロウソクを立て、紙を貼ったものの呼称でもある。夕暮れ時、鉦や太鼓を打ち鳴らしながら、灯のともったサイレンボウズを持った子どもや大人が神社、あるいは寺の境内に入っていく。太鼓を中心に巡るサイレンボウズの輪は、夜の訪れとともに盆踊りの輪へと変わる。

たつの市揖西町中垣内〔昭和40年（1965）8月15日〕

盆踊りは、盆に帰ってくる先祖の霊を慰め、また、送る踊りとされる。念仏踊りが起源といわれ、多くは盆の13日から16日にかけて寺や堂の境内や辻、広場で踊られた。踊りや歌、衣装などはさまざまだ。今も各地で盆踊りの輪をみることができる。写真は、昭和30年前後の盆踊り風景。扇子を手に鐘楼のまわりを踊る人々や、広場に組まれた素朴な櫓の姿が郷愁を誘う。

姫路市家島町坊勢
〔昭和29年（1954）8月22日〕

高砂市〔昭和34年（1959）8月15日〕

◎地蔵盆（造り物）

地蔵盆の行事の多くは、8月23、24日に行われる。町や村のお堂に祀られたお地蔵様と子どもが、地蔵盆の主役である。百万遍の数珠繰りを行う地域も、少なくなかった。子どもの姿は減ったが、今も各地で地蔵盆の祭りを目にすることができる。地蔵堂だけでなく町中が飾り付けられ、趣向を凝らした造り物を競うところもあった。造り物の写真が撮られた篠山市古市は、そうした地域の一つ。

高砂市米田町
〔昭和33年（1958）8月23日〕

地蔵盆の造り物　篠山市古市〔昭和36年（1961）8月24日〕

お供えをあげてまつる
篠山市古市
〔昭和36年（1961）8月24日〕

地蔵盆が行われる8月24日は、火伏せの神とされる愛宕の祭りの日でもある。この日は、各地で愛宕さんに火を捧げる祭りが行われる。写真は篠山市古市で、夕刻になると各家から竹ざおの先に松明をつけたものを持ち寄り、道端に立て並べた。山に愛宕さんを祀り、そこで火が焚かれる地域もあった。また、愛宕火は愛宕さんの火だけでなく、虫送りの火とも、盆の仏を送る火ともいわれた。

篠山市古市〔昭和36年（1961）8月24日〕

◎河内神社の秋祭り

河内神社の秋祭りは、オトウの祭りである。上、下二人のトウボシ（トウニン）の家にオハケを設け、神の分霊を迎える。トウボシを中心に、隣保の人々が集まってさまざまな神饌や祭具の準備をし、秋祭りの当日行列を組んで神社へと向かう。にぎやかな獅子舞に人々が興じる脇で、拝殿に集ったトウボシたちは静かに酒を酌み交わす。トウボシを指名するトウザシと呼ばれる家筋が残り、古い歴史をしのばせる。

オハケ〔昭和30年（1955）10月2日〕

たつの市新宮町牧〔昭和31年（1956）10月7日〕

◎崎宮神社の秋祭り

祭礼のカゲシ
〔昭和12年(1937)10月〕

高砂市、加古川市などでは、氏子から選ばれたトウニンが秋祭りの中心となる例がよくみられる。崎宮神社もそのひとつだ。氏子からトウニンが選ばれ、トウニンの家にはオダンと呼ばれる大きなオハケが建てられた。また、カゲシと呼ばれる稚児が出るが、これは曽根天満宮などのヒトツモノ(一ツ物)と同じ性格を持つ。崎宮神社のカゲシは撮影された1963年頃に中断し、2005年に復活した。これは、中断以前の姿を記録した貴重な写真である。

オダン

神輿舁
〔昭和12年(1937)10月〕

加古川市尾上町養田
〔昭和38年(1963)10月12～13日〕

◎八幡神社の祭礼（頭人）

加古川市尾上町に鎮座する八幡神社の秋祭りのトウニンは、7歳から14歳の子どもだった。近隣の神社のトウニンは、いずれも大人だ。八幡神社も神輿を担ぐのは大人だが、御幣や金幣を持つのはやはり子どもの役目。大きな御幣を捧げ持つ幼い子どもの姿が、ほほえましい。御旅所での奉幣も、子どものトウニンによって執り行われた。それを見守る子どもたちは、トウニンの遊び仲間であるのだろう。

頭屋のオハケの前のトウニン

宮から出た神輿が南の御旅所へ向かう

御旅所での幣振り

加古川市尾上町今福
〔昭和29年（1954）10月15日〕

◎日岡神社の祭礼

日岡神社の祷人（トウニン）は、「馬乗り頭人」と呼ばれた。秋祭りに白い衣装を着て馬に乗るためだろう。祷人の家には分霊を祀るオダンが作られ、祷人は厳しい禁忌を守らねばならなかった。宵宮・本宮には、長い祷人行列が続いた。行列に並ぶのは、大きな白幣を持つ御幣持ち、小学生が扮する具足・甲冑、中学生の役目だった弓持ち、5、6歳の子どもが勤める供童などなど。供童は、一人が男づくり、もう一人が女づくり。2月の亥巳籠りが明ける日、例祭の大役を担う祷人の引き継ぎが行われる。

頭屋の庭のオダン（オハケ）〔昭和16年（1941）9月〕

祭礼のトモンドウ〔昭和15年（1940）10月〕

宮へと向かう頭人の行列〔昭和39年（1964）10月19日〕

加古川市加古川町大野

祭礼の頭人
〔昭和15年(1940)10月〕

行列の先頭、頭屋の幣〔昭和15年(1940)10月〕

◎水垢離（頭人）

三田市中内神の感神社では、10月10日に秋祭りが行われる。頭屋（トウニン）を夫婦で勤めるが、課せられる禁忌は厳しい。家にオハケが立てられた日から祭り当日まで、夫婦は川で禊ぎを行う。10月4日は「下井沢出合いの川行き」といい、下内神にある川の合流点あたりで早朝に禊ぎを行わねばならなかった。こうした潔斎の日々を重ね、人々は神祭りに臨んだのである。

頭屋の庭先のオハケ

川で身を清める
トウニン夫婦

三田市中内神　感神社〔昭和31年（1956）10月14日〕

4

年中行事とまつり——イエ(家)の祭祀

新年を祝うさまざまな門松の姿。門松を依り代に家々を訪れる年神もまた、さまざまな姿で人々の前に現れた。ヤマドッサンは、その代表的なものだ。家々の土間には田の神であるジガミが祀られ、ジマツリが行われる。恵方を向いた年神棚にトシオケが鎮座する風景も、かつて各地で見られたものだった。田の神が働きに出る日は春亥の子を、収穫を終え山へ帰る日には秋亥の子を祝う。豊かな実りを感謝するカリゴメ、稲の刈り上げを祝う素朴な行事にはどこか厳粛さが漂う。

苗代田で行われる水口祭では、季節の花がハナとして立てられる。テントバナではウツギやツツジが長い竿の先に飾られ、五月晴れの空に輝く。田植え初めを祝うサビラキには水口にクリなど実のなる木を立て、タマツリにもシバを差し立てる。ショウブやヨモギで邪気を祓う五月節句や、笹飾りに願いを託す七夕。四季折々の自然が、イエの祭りには欠かせない。そして、懐かしい先祖の霊を迎え、送る盆行事の数々。イエに祀られ、人々とともにあった神々の姿、稲作への想いが季節の巡りとともに現れる瞬間が、どの写真にも焼き付けられている。

◎カドマツ

新年を祝って家の門口に松を立てる習俗は、平安時代すでに行われていた。本来は正月に訪れる年神の依代として設けられたものとされ、正月様と呼ばれることも多い。飾り松、拝み松などの呼称もある。コトハジメの12月13日や年の暮れに山へ行って若木の松を伐ってくるところが多く、「松迎え」「正月様迎え」などと称した。淡路島では山で松を伐ってくることを「若松を迎えに行く」という地域があり、松の他にモッコク・クヌギ・ナラなどの木を組み合わせて使う。門松に雑煮など食べ物を供える風習も見られる。門松の根本に結わえた割木はトシギ・サイギなどと呼ばれ、単なる支柱ではなく、新年に焚く薪、聖なる火を創る年木の意味を持つ。

神戸市北区大沢町神付
〔昭和26年（1951）1月3日〕

神戸市北区大沢町原
〔昭和40年（1965）1月5日〕

神戸市北区八多町深谷
〔昭和40年（1965）1月2日〕

淡路市岩屋（開鏡）
〔昭和29年（1954）1月6日〕

淡路市浦〔昭和30年（1955）12月31日〕

◎ヤマドッサン

淡路島の仁井村出身の学者、鈴木重胤は、幕末の著書に「山年様」の祭儀を記している。ヤマドッサンは、淡路島北部において、「九日の節句」が行われる正月9日前後の日の夜に訪れるという。この神は醜いので夜遅く来るとも伝えられる。20日の「二十日の節句」に祀るところもあった。家の裏山から訪れるといい、屋内のジノカミ（地の神）の下やオモテの間に祀られた。山と里を往き来する作り神、農耕神で、鍬に着せた蓑と笠がご神体とされる。シロモチとご飯をミツガシワの葉で包んだジノミ（地の実）を供え、ジノミを作る作業をミイレ（実入れ）と呼ぶ。ヤマドッサンは爺婆、夫婦の二神といい、供物の膳を二脚供える。家の当主が蓑笠を身につけてツキアゲ（臼のシロモチを杵で搗く）を行ったり、シロモチと水を臼で搗いたものを撒くところもある。

ヤマドッサンを祀る　淡路市野島轟木
〔昭和41年（1966）1月9日〕

鍬に蓑と笠を着せたご神体を祀る
淡路市舟木〔昭和30年（1955）1月9日〕

ジノミを作りミイレをする　淡路市舟木
〔昭和30年（1955）1月9日〕

羽織を着て扇子を持ちヤマドッサンを送迎する
淡路市中持〔昭和31年（1956）1月15日〕

シロモチを搗くツキアゲ〔昭和30年（1955）1月9日〕

ジノカミの下にヤマドッサンを祀る
淡路市白山
〔昭和27年（1952）12月30日〕

箕に膳を置き餅や箸を12個供える
淡路市野島常盤〔昭和27年（1952）1月18日〕

◎ジノカミ・ジマツリ

ジマツリは地祭り、ジノカミ（地の神）を祀る行事で、農耕の予祝儀礼としての性格を持つ。江戸時代の記録に、淡路島で正月にジマツリを行っていたことが記されている。淡路島ではジノカミは戸口を入った土間の柱に祀られていることが多い。正月９日に行われ、ヤマドッサンもジマツリに含まれる。ジノカミの下にハンギリに入れた供物や蓑笠を供えたり、稲穂を象徴するというジノミをたくさん付けたシイの木を祀る事例が見られる。ジノミはトシオケや田に供えられる。村のジノカミにアシナカ片足を供える風習もあった。ジノカミは正月20日に働きに出て、10月20日に働きから帰ってくるといい、20日にジノカミマツリとしてジガミを祀る家もある。

淡路市野島常盤〔昭和12年（1937）1月〕

ジノカミを土間の柱に祀る　淡路市白山〔昭和33年（1958）1月19日〕

土間に蓑と笠を祀る　淡路市白山〔昭和33年（1958）1月19日〕

年棚に供えられたジノミ　淡路市野島轟木〔昭和41年（1966）1月9日〕

ジノミを祭りに出る子ども
淡路市野島轟木
〔昭和41年（1966）1月9日〕

正月と十月に村のヂノカミにアシナカゾウリ片足を供える。神様が忙しく片足しか履けないからだという　淡路市生田大坪〔昭和28年（1953）4月5日〕

◎正月飾り

正月には、年神を祀るため、松・注連縄そのほかで家の内外を飾る。兵庫県の各地で見られるのが、年神への供物を入れたトシオケ。年神棚とか年棚と呼ぶ、年神を祀るための特別の棚を設え、年神が来臨する方角である恵方に向け、注連縄を張ってトシオケを祀る。三方に供え物を盛る形式より古く、大晦日頃から正月11日のトシオロシまで祀られることが多い。トシオケには米・餅・串柿などが入れられ、お金を入れる場合もあった。淡路島北部では、門松とともに俵を編むコバッサンを庭に飾る。種籾を入れた俵を飾って祀る風習もあった。田に注連飾りなどを供えることも行われる。また、漁村では、漁船に松や注連縄を飾る。

魚に藁を通して「懸の魚」を作り吊り木に下げる　淡路市白山〔昭和30年頃〕

納戸に祀った年棚　淡路市舟木
〔昭和30年（1955）1月9日〕

年棚のトシオケ　淡路市白山
〔昭和28年（1953）1月10日〕

コバッサン（俵を編む道具）にジノミを飾る
淡路市野島轟木〔昭和41年（1966）1月9日〕

トシトクサンを祀る　丹波市市島町（吉見）
〔昭和33年（1958）1月3日〕

船の正月飾り　淡路市浦
〔昭和30年（1955）12月31日〕

◎春亥の子

旧暦2月の亥の日に行われる。秋亥の子に比べ事例は少ないが、播磨・摂津・但馬では田の神である亥の神が田に出る際の祭りとして行われていた。旧吉川町（現三木市）では、土間の臼の上に箕をのせ、藁ぼうきと餅、あるいはおはぎやぼた餅を十二個供える風習があり、デイイノコとも呼んだ。この日に亥の神が田へ働きに出るという。また、ハツイノコとも呼んだ。屋外で祀る地域もあり、麦田や苗代田に枡に入れた十二個のおはぎやぼた餅を供えた。亥の神は頭が禿げていると伝えるところが多い。

箕の中にほうきと餅をのせて土間に祀る
三木市吉川町田谷〔昭和31年（1956）3月21日〕

苗代の水口に餅を供える
三木市吉川町実楽
〔昭和32年（1957）3月〕

◎水口祭り

種籾を苗代に撒いた時に行う稲作儀礼で、4月中旬から5月初旬にかけて行われた。苗代田の水口に、土を盛ったり芝を置いたりして、山から採ってきた季節の花や木の枝、正月に村の寺社でいただいたゴウヅエ（牛王杖）などを立てて祀る。こうした花や木の枝を、加東市では苗代のハナと称す。田の神を招き迎えるためのものとされる。ゴウヅエは正月行事の後にさし立てる地域もある。播磨地方では、姫路の広峯神社の護符を立てるところもあった。一般には、苗代祝いなどとも呼ばれる。洗米や焼米を供物とし、供物の米や種籾の残りを水口や田に撒く例も多い。東播地域を中心に、県下各地に分布した。

加古川市加古川町中津、大野〔昭和34年（1959）5月12日〕

加古川市野口町坂元、水足〔昭和34年（1959）5月30日〕

加古川市加古川町中津、大野〔昭和34年（1959）5月12日〕

加古川市加古川町中津、大野〔昭和34年（1959）5月12日〕

加西市坂本長町
〔昭和35年（1960）5月8日〕

神戸市西区押部谷木津
〔昭和37年（1962）5月〕

神戸市押部谷町細田
〔昭和34年（1959）5月31日〕

淡路市仁井
〔昭和37年（1962）5月〕

加西市坂本長町
〔昭和35年（1960）5月8日〕

加古川市加古川町中津
〔昭和12年（1937）5月〕

加東市鳥居
〔昭和34年（1959）6月1日〕

加東市社田中
〔昭和34年（1959）6月1日〕

神戸市押部谷町細田
〔昭和34年（1959）5月31日〕

旧暦4月8日、月遅れで5月8日を「卯月八日」といい、ウツギ・ツツジなどの花を束にして長い竿の先に取り付け、庭先に立てたり門口に挿したりする風習がある。種下ろしをする季節に行われる行事で、テントバナは山から下りてくる山の神、すなわち田の神の依り代とされる。兵庫県下に広く分布し、タカバナ・夏バナ・八日バナなどと呼ばれた。寺で花祭りが行われる日であり、テントバナをお釈迦さんの花と呼ぶ地域もある。テントバナの下に棚を作って、水や団子・ヨモギ餅・おはぎなどを供えた。竿に水を掛け、「水をお供えします」と言う地域もある。水口祭との関連が強いという。

朝来市生野町上生野〔昭和43年（1968）5月9日〕

テントバナの下にお供えをして祀る
朝来市生野町上生野〔昭和43年（1968）5月9日〕

加西市坂本長町
〔昭和35年（1960）5月8日〕

◎田植祭

最初の田植えをサビラキ、サンバイオロシ、あるいはワサウエなどという。兵庫県ではワサウエが一般的だった。苗を三把植える儀礼的な田植えを行ったり、神祭りを行う家が多い。田の水口に栗など実のなる木の枝を挿して田の神を祀る。三把の苗を土間の臼の上にのせて酒と赤飯とを供えて田の神を祀るという風習も見られる。淡路島ではサイキといい、田の畦に栗の葉やススキなどを立て、酒・洗米、豆や小魚などを供えて田植えをした。サビラキは、田の神の顕現を意味する名称とされる。また、田植え終わりにも苗を祭る、田の神の行事があり、サノボリ、サナブリなどと呼ばれた。

田の畦にサイキを立てて祀る
淡路市野島常盤〔昭和35年（1960）6月12日〕

淡路市岩屋〔昭和34年（1959）6月14日〕

淡路市岩屋〔昭和34年（1959）6月14日〕

苗3株と石3個をかまどに祀る
コウジンナエ
三木市吉川町湯谷
〔昭和30年（1955）6月22日〕

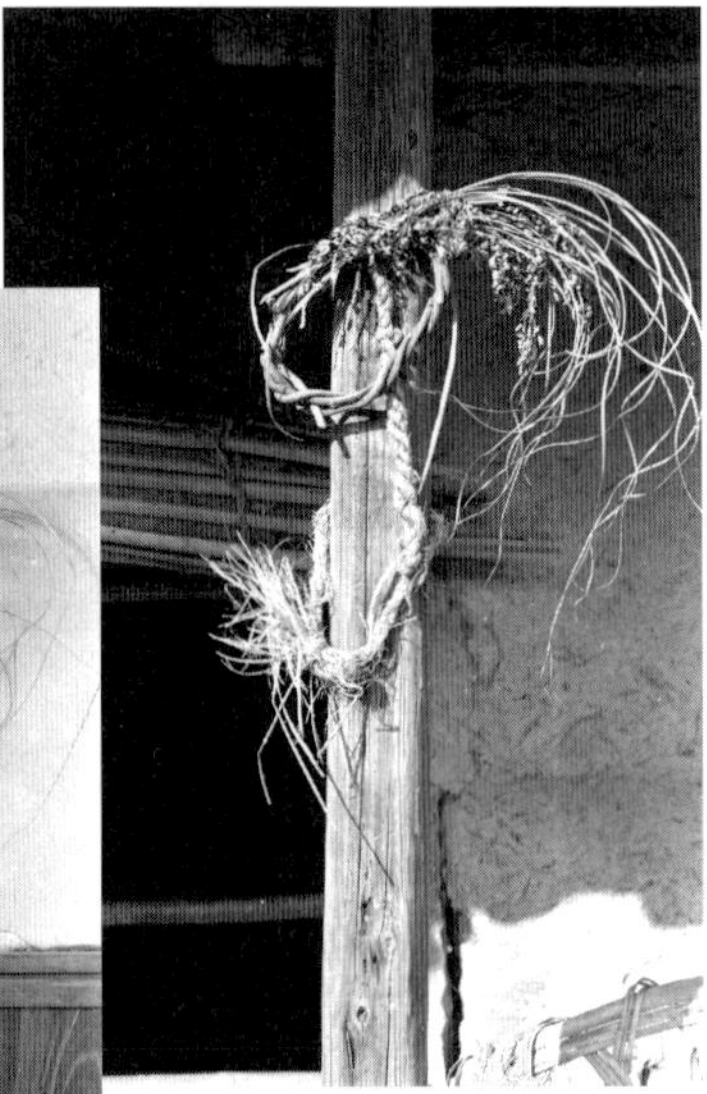

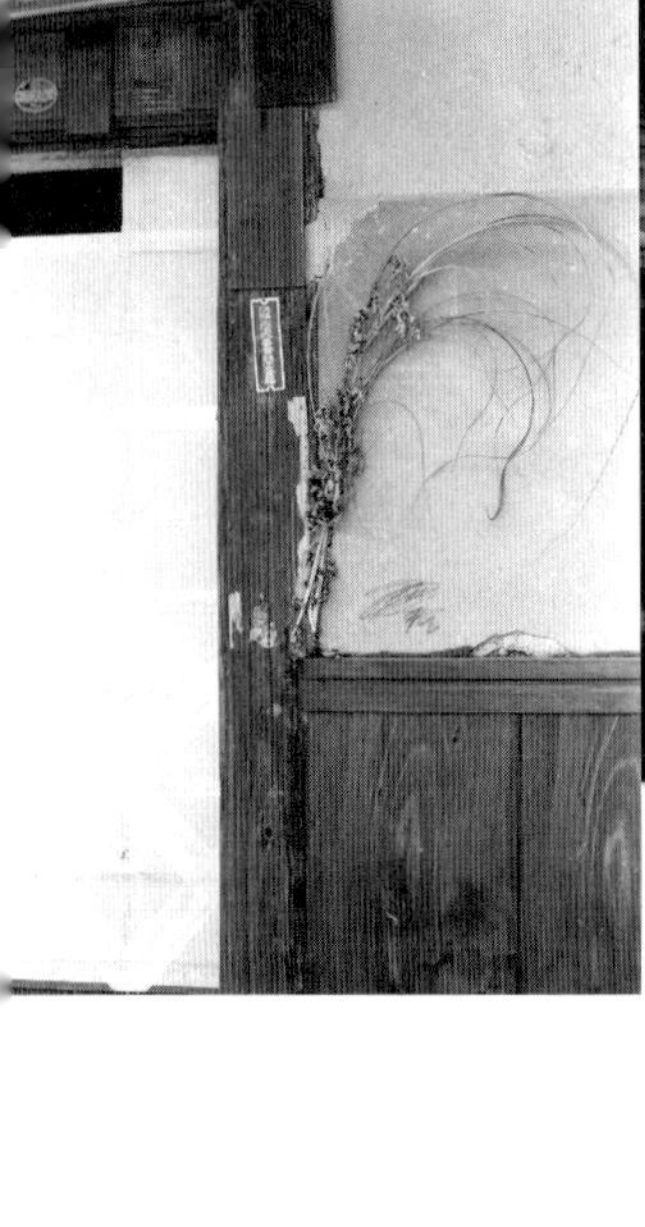

淡路市中持
〔昭和35年（1960）6月12日〕

◎五月節句

端午の節句ともいう。中国の民俗が、早くに日本の貴族社会に受容された。日本の五月節句は「菖蒲節句」とも称され、菖蒲が多く用いられる。菖蒲やヨモギを屋根や門口に挿し、菖蒲酒を飲み、菖蒲鉢巻きをして菖蒲湯に入り、邪気を祓う。淡路島北部では、菖蒲とススキ・ヨモギを束ねたものを屋根に投げ上げるだけでなく、床の間や仏壇、ジノカミにも祀る。中世以来の武家社会で男子の祝い日として定着し、江戸時代には庶民にも浸透した。古くは、5月は田植えに伴う忌籠りをする月であり、田の神に奉仕する早乙女が宿の籠もる習俗があった。

◎タマツリ

タマツリは田祭りで、旧暦六月の、主として亥の日を祭日とする。夏亥の子ともいえるが、春亥の子より分布が狭い。主に播磨・但馬・丹波の国境近くの山間部に残る。多可郡など、シバ（木の枝や茎）を耕作する田の数だけ祀るところが多い。ススキ・カヤ・栗・萩など山の草木も供えられる。祀る場所は、田の水口、屋敷の庭、屋内など。供物として米粉や麦粉の団子が作られ、稲の豊作祈願だけでなく麦の収穫祭の意味を持つことが指摘されている。なお、多可郡にはタマツリの分布をアマンジャコ（天の邪鬼）に結びつける伝承が残っている。

家の前の田に田祭りシバを供える
多可郡多可町中区牧野
〔昭和35年（1960）7月10日〕

田祭りシバ　多可郡多可町中区鍛冶屋
〔昭和35年（1960）7月10日〕

田祭りシバを神棚に供える
朝来市生野町〔昭和43年（1968）7月17日〕

田祭りのシバを刈る
姫路市香寺町犬飼
〔昭和33年（1958）7月8日〕

土間にシバと団子を供えて祀る
姫路市香寺町香呂
〔昭和32年（1957）7月14日〕

姫路市香寺町田野、犬飼
〔昭和33年（1958）7月8日〕

◎七夕

7月節句も5月節句と同じく、五節句の一つとして中国から伝わった。7月7日に行われる七夕は、牽牛星・織女星の伝承や、技芸の上達を祈る乞巧奠との関連が知られる。村々では水にまつわる伝承が多く残されており、古くは水神を迎える祭儀があったとされる。近畿では七夕の日を七日盆と呼ぶ地域が広く存在し、盆行事の始まりの日でもあった。高砂市では、二本の笹竹に横竹を渡し、飾りを下げる。また、スイカなどの初物などを供え、ナスに足を付けたものを作った。機織姫の乗る牛という。笹竹は川に流した。加東市でも二本の笹竹を飾り、川に流すが、昔は七夕踊りが行われた。姫路市南東部では、千代紙の人形を横竹に下げる。

加東市社町藤田、下久米〔昭和39年(1964)8月6日〕

高砂市米田町〔昭和29年(1954)8月6日〕

高砂市米田町〔昭和34年(1959)8月6日〕

◎盆行事

盆は仏教の盂蘭盆の略といわれ、死者供養の仏教色が強いが、村々の民俗には古い祖霊信仰の面影が残る。先祖の霊は７月13日、あるいは月遅れの８月13日に迎えられ、15日夕から16日早朝にかけて送られる。迎え火、送り火を焚く場所は家の門口や辻、墓の入り口などさまざまだ。13日になると、仏壇の前にゴザを敷いたり盆棚を作って供物を供える。ナスやキュウリにオガラで足を付けた牛や馬の姿はおなじみだ。縁側や庭先に、無縁仏（餓鬼仏）のための精霊棚を設けるところもある。精霊送りでは、川や海に盆の供物を流すところが多い。この時、米粉の団子や赤飯の握り飯を作る例もある。海岸部では、精霊舟を作って流す風景が見られる。豊岡市などでは、河原に石を積み、供物を供える河原仏の習俗があった。淡路島では８月１日を盆の始まりとし、新仏が帰ってくる目印となるトウロウギを立てる。ミソハギなどの盆花は13日までに山から採って来るという。

盆の仏壇のお供え（日蓮宗）
三木市細川町垂穂
〔昭和30年（1955）8月15日〕

新仏の精霊送り　高砂市米田町
〔昭和42年（1967）8月15日〕

河原仏　養父市大屋町
〔昭和33年（1958）8月15日〕

河原に石を積み供え物をして送る
豊岡市竹野町
〔昭和38年（1963）8月15日〕

ショウロウダナ（新仏）
淡路市大町
〔昭和11年（1936）8月〕

ショウロウダナ
淡路市浦（楠本）
〔昭和11年（1936）8月〕

トウロウギ
加古川市加古川町平野
〔昭和11年（1936）8月〕

ショウロウダナ　淡路市（開鏡）
〔昭和32年（1957）8月15日〕

トウロウギ　淡路市大町
〔昭和11年（1936）8月〕

淡路市（開鏡）、野島常盤
〔昭和32年（1957）8月15日〕

トウロウギ　淡路市野島常盤
〔昭和32年（1957）8月15日〕

◎カリゴメ

カリゴメは刈り上げ祝いで、稲刈りの終わりを祝う収穫行事。稲の初穂を供える、抜穂の行事はホガケと呼ばれる。ホガケは穂掛けであり、秋の社日に田に竹や木を組んだものに12把の稲を掛けるというところが多い。ホガケとカリゴメは、田植えの時のサビラキとサノボリの関係にあたる。旧吉川町では、苗代田に刈り残した３把の稲を刈り、刈った鎌を稲穂とともにかまどに供える風習があった。淡路島でも同様の風習が見られ、マゼ飯を供えるところが多い。稲をこき終わった時に、コキゴメという行事を行い、かなこぎを祀る例もある。

苗代田の稲３株を残し、刈る前に恵方を拝む　三木市吉川町田谷〔昭和30年（1955）11月20日〕

刈り取った稲と鎌をかまどに祀る
三木市吉川町田谷〔昭和30年（1955）11月20日〕

家の土間に稲株と鎌を祀る
淡路市塩田〔昭和31年（1956）11月11日〕

◎秋亥の子

旧暦10月のおもに初亥の日に行われる。亥の子は平安時代から行われ、猪の多産にちなみ子孫繁栄を祈る意味が込められた。村の子ども達が石や藁束で地面を打つ行事も豊作を願うもの。秋亥の子は亥の神、田の神が帰る日といい、収穫祭としての意味を持つ。西日本の農村に広く見られ、兵庫県にも多く分布する。小豆餡を付けた餅を供えるところが多い。一宮町（宍粟市）では、白いのと餡を付けたのと二つの大きな鏡餅を供えた。藁ぼうきを作る場合、その処理は山の木に括り付けたり、辻に捨てたり様々である。また、この日は大根畑に入ってはいけないという伝承が各地に残る。

一升枡の上に二種類の大鏡餅を供える
宍粟市一宮町公文〔昭和32年（1957）11月24日〕

かまどに藁ぼうき３本、大根３本、ぼた餅12個を箕に入れて供える 三木市吉川町湯谷
〔昭和30年（1955）11月20日〕

亥の子に供えた藁ぼうきは道の辻に捨てる
三木市吉川町田谷
〔昭和30年（1955）11月20日〕

5

暮らし・生業

西谷氏は、祭りや年中行事だけでなく、日常の暮らしにも目を注いだ。ここには、暮らしと生業の写真が集められている。買い物をする主婦の姿や、井戸端の人々。そんなありふれた暮らしの一コマも、西谷氏は丁寧にすくい上げた。今はもう見ることのできなくなった衣装や、民具を記録した写真の数々。農村だけでなく、漁村の様子や魚具、また、雪深い地域の生活用具も記録されている。そうした写真の学問的な価値は、だれしもが認めるところだろう。けれども、写された人々の表情から、西谷氏が研究者として民具調査を行うだけでなく、人々の暮らしの細々とした情景に心を沿わせ、温かな目で見つめていたことが伝わってくる。

かつて農村に暮らした誰もが経験した田植えや稲刈り、糸つむぎ。職人の技が光る釣り針作りや、身近だった炭焼きの窯。そして、裸で生まれた赤子たちが、暮らしを担う働き手となり、生業にいそしむ生涯を終えて行き着くところ、葬送の地の姿もここには記録されている。写された墓の様子は素朴な葬送儀礼を思わせ、先祖たちが眠る墓の静けさまで伝えてくれる。近い昔の暮らしを、ゆっくりと味わっていただきたい。

共同の井戸　姫路市家島町坊勢〔昭和29年(1954)8月23日〕

筧で水を引いた家の前の池。食器を洗い、あるいは鯉などを飼う　佐用郡佐用町大畑〔昭和29年(1954)3月28日〕

魚市場　洲本市由良〔昭和39年（1964）8月29日〕

鶴林寺のお太子さん。植木市で賑わう境内　加古川市加古川町北在家〔昭和41年（1966）3月21日〕

子どもの髪の毛を特殊な形に剃るカンス。
病気にかからないまじないという
姫路市家島町宮〔昭和34年（1959）7月25日〕

淡路市野島江崎
〔昭和29年（1954）6月13日〕

淡路市白山〔昭和30年頃〕

姫路市家島町坊勢
〔昭和29年（1954）8月23日〕

宍粟市波賀町〔昭和38年（1963）8月〕

洲本市由良〔昭和38年（1963）12月31日〕

洲本市由良〔昭和38年（1963）12月31日〕

淡路市岩屋〔昭和38年（1963）8月27日〕

茅で屋根を葺く　神戸市北区有野町有野（堀越）〔昭和31年（1956）7月26日〕

茅を乾す　佐用郡佐用町延吉〔昭和29年（1954）3月28日〕

茅を山から刈ってきて用意しておく
三田市東本庄〔昭和28年（1953）1月3日〕

◎暮らしの道具 1

かまど　佐用郡佐用町（石井）
〔昭和38年（1963）8月20日〕

野菜を入れた籠　加東市上鴨川
〔昭和39年（1964）8月11日〕

箕と石臼　宍粟市波賀町
〔昭和38年（1963）8月〕

囲炉裏と自在鉤　佐用郡佐用町（石井）
〔昭和38年（1963）8月20日〕

米つきの杵と臼　姫路市家島町坊勢
〔昭和29年（1954）8月22日〕

かまど　淡路市岩屋〔昭和38年（1963）8月27日〕

幼児をいれるフゴ　淡路市白山
〔昭和28年（1953）1月10日〕

延縄（ハモ）　姫路市家島町〔昭和34年（1959）7月23日～24日〕

坊勢のイワシ網（三笠宮とともに見学） 姫路市家島町〔昭和34年（1959）7月26日〕

乾魚　香美町香住区上計〔昭和34年（1959）5月17日〕

魚を干す　洲本市由良〔昭和38年（1963）12月31日〕

延縄を染める

延縄の準備

延縄の船　淡路市岩屋〔昭和30年(1955)7月9日〕

田植え（ワサウエ）　三木市口吉川西中〔昭和31年（1956）6月16日〕

脱穀(カリゴメ)　三木市吉川町湯谷
〔昭和30年(1955)11月20日〕

樋で田に水を引く
美方郡香美町・養父市(熊次)
〔昭和31年(1956)5月6日〕

豊岡市竹野町〔昭和38年(1963)8月15日〕

田植え　淡路市野島常盤〔昭和35年（1960）6月12日〕

田に水を引く樋

田植え　淡路市岩屋〔昭和34年（1959）6月14日〕

◎暮らしの道具 2

豊岡市竹野町〔昭和38年（1963）8月15日〕

洲本市由良〔昭和38年（1963）12月31日〕

淡路市岩屋
〔昭和38年（1963）8月27日〕

蓑、かんじき
豊岡市竹野町三原
〔昭和33年（1958）8月13日〕

明石市二見町
〔昭和39年（1964）6月1日〕

ねこ車　姫路市夢前町（菅野村）〔昭和15年（1940）8月〕

◎釣り針づくり

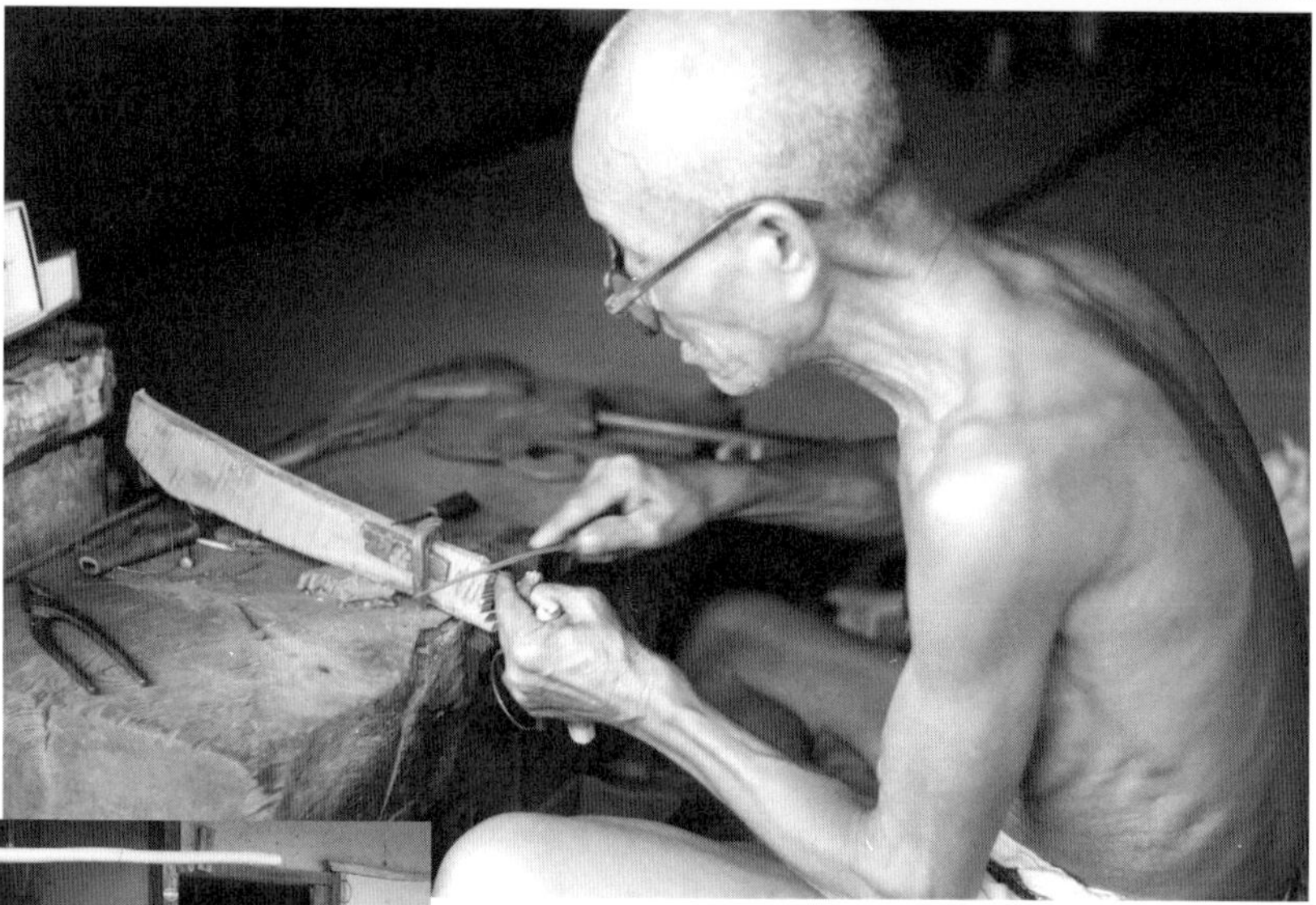

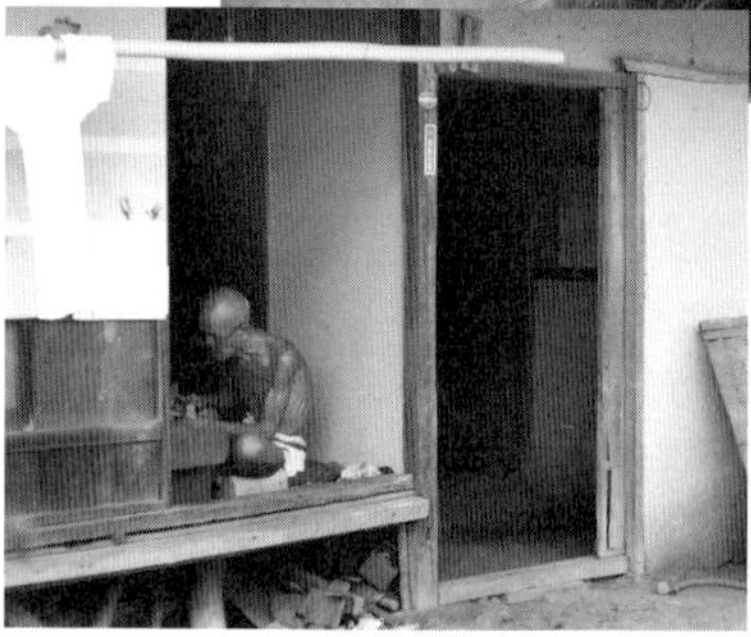

加東市下久米〔昭和39年(1964)8月10日〕

加東市藤田、下久米〔昭和39年(1964)8月6日〕

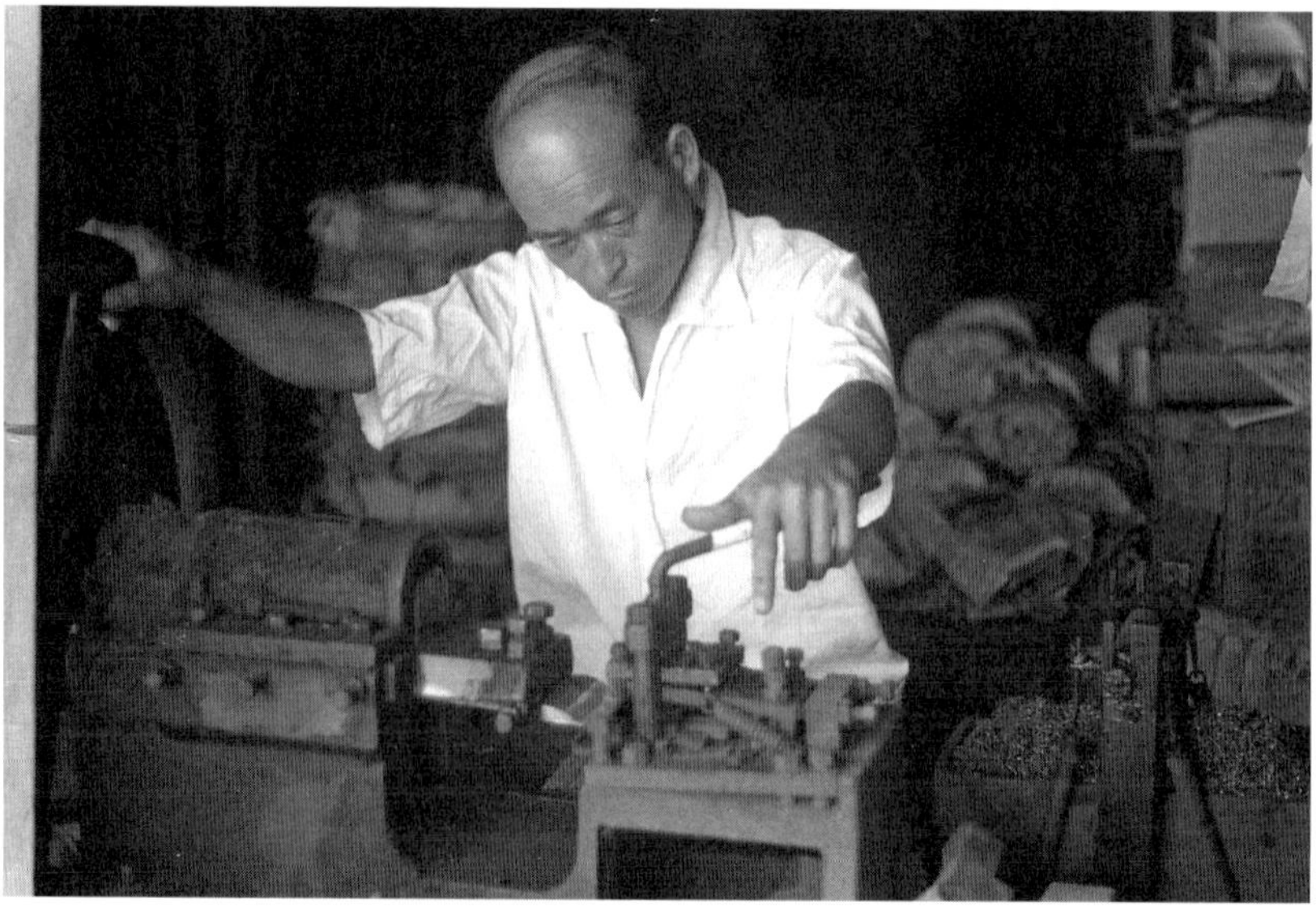

◎糸つむぎ

三木市吉川町実楽〔昭和32年（1957）3月〕

◎機織り

加東市秋津〔昭和26年（1951）5月19日〕

炭焼きの窯　赤穂郡上郡町（赤松村市原）〔昭和28年（1953）4月3日〕

炭焼きが使う山小屋
宍粟市一宮町黒原
〔昭和15年（1940）9月23日〕

炭焼き小屋　佐用郡佐用町豊福
〔昭和29年（1954）3月28日〕

佐用郡佐用町石井
（上石井、奥海）
〔昭和38年（1963）8月20日〕

負い子、腰蓑
美方郡新温泉町歌長
〔昭和12年（1937）1月〕

振り売り　豊岡市竹野町
〔昭和11年（1936）8月〕

美方郡香美町村岡区相田、萩山
〔昭和41年（1966）7月31日〕

佐用郡佐用町石井（上石井、奥海）
〔昭和38年（1963）8月20日〕

南あわじ市
〔昭和39年（1964）8月30日〕

負い子
豊岡市竹野町桑野本
〔昭和11年（1936）8月〕

アジカをさげて桑摘みに
豊岡市日高町（西気）
〔昭和11年（1936）8月〕

ゾンダという巻袖を着てテフゴを負う
淡路市長沢
〔昭和29年（1954）3月26日〕

佐用郡佐用町石井
（上石井、奥海）
〔昭和38年（1963）8月20日〕

墓地　加東市上鴨川〔昭和39年（1964）8月10日〕

墓地　加東市下久米
〔昭和39年（1964）8月7日〕

手前下段が亡骸を埋葬する墓地、後方は参拝用の墓石。このように一人の墓に埋め墓（ステバカ）と参り墓（サンマイ）の二つの墓を設けることを両墓制という
加東市上鴨川
〔昭和39年（1964）8月11日〕

埋葬地の上に建てられたウワヤ
豊岡市竹野町
〔昭和38年（1963）8月15日〕

墓のタツ（龍頭）　美方郡新温泉町
〔昭和29年（1954）9月12日〕

墓地　朝来市生野町上生野
〔昭和43年（1968）5月9日〕

ステバカの蓑笠
淡路市野島轟木
〔昭和27年（1952）12月7日〕

両墓制のステバカ
淡路市白山
〔昭和33年（1958）1月19日〕

サンマイ　南あわじ市（榎並村一本松）
〔昭和27年（1952）8月11日〕

ステバカ　淡路市白山
〔昭和33年（1958）1月19日〕

6

景観

摂津・播磨・但馬・丹波・淡路。それぞれの地域の村々の景観が、昭和三十年代を中心に記録に留められている。西谷氏がファインダーを通して眺めた風景は、当時日本のそこここで見られた、ありふれた村の姿だったにちがいない。茅葺きの民家が立ち並び、田の畦は曲がりくねり、収穫が済んだ田んぼには積み藁がならび、稲束を掛ける木組みが作られ、小舟がたゆたう海岸には漁師たちの家が肩を寄せ合って立つ。

誰も気に留めることのない、日常の風景であったはずのものが、これほど懐かしく胸に迫るのはなぜだろう。もはや、西谷氏の写真に残るこうした光景を見ることはできなくなってしまった。けれども、郷愁の念だけがこれらの写真に惹きつけられる理由ではないように思う。緑をたたえた山々に刻み込まれた棚田の線は倦むことのない農作の営みを、木々がまばらな禿山の姿は薪などの燃料や田畑の肥料など、山が人々の生活の中に組み込まれていたことを教えてくれる。山懐に抱かれ、鎮守さんや道端の石仏とともに暮らしていた人々の心の豊かさを、ここにおさめられた写真たちは伝えているのである。

農村風景　神戸市北区大沢町原〔昭和40年(1965) 1月5日〕

農村歌舞伎舞台　神戸市〔昭和37年(1962) 5 月19日〕

農村歌舞伎舞台　神戸市北区山田町西小部〔昭和37年（1962）5月19日〕

神戸市北区大沢町神付
〔昭和40年（1965）1月2日〕

神戸市西区伊川谷町前開
〔昭和40年（1965）1月31日〕

神戸市西区伊川谷町布施畑
〔昭和42年（1967）1月5日〕

道しるべ　小野市付近〔昭和36年(1961)〕

民家　三木市志染町〔昭和39年(1964)5月3日〕

民家　加東市藤田、下久米〔昭和39年(1964)8月6日〕

民家　三木市吉川町毘沙門
〔昭和39年(1964)8月14日～15日〕

加東市下久米〔昭和39年(1964)8月7日〕

モトジョウヤの家(藤岡家)三木市口吉川町大島
〔昭和30年(1955)6月22日〕

羅漢寺の五百羅漢　加西市北条町北条
〔昭和35年(1960)4月3日〕

高砂市曽根町付近〔昭和38年(1963)8月〕

塩田の竈屋
姫路市大塩町
〔昭和38年(1963)8月〕

石宝殿から望む高御位山
高砂市阿弥陀町生石
〔昭和34年(1959)3月21日〕

集落　神崎郡神河町大山、猪篠〔昭和34年(1959)1月1日〕

柳田國男生家　神崎郡福崎町西田原〔昭和38年（1963）1月15日〕

木地屋集落の家
宍粟市一宮町（縦木口）
〔昭和32年（1957）11月23日〕

宍粟市波賀町
〔昭和38年（1963）8月25日〕

民家　佐用郡佐用町上石井、奥海
〔昭和38年（1963）8月20日〕

民家　姫路市家島町坊勢
〔昭和29年（1954）8月23日〕

民家　佐用郡佐用町平延吉
〔昭和29年（1954）3月28日〕

民家　赤穂郡上郡町落地〔昭和34年（1959）10月25日〕

林田八幡神社の遠望　姫路市林田町八幡〔昭和37年（1962）10月7日〕

豊岡市出石町宮内〔昭和40年(1965)5月5日〕

雪囲いのある民家　美方郡新温泉町清富〔昭和12年（1937）1月〕

雪囲いのある民家　美方郡新温泉町海上〔昭和12年(1937)1月〕

日和山海岸　豊岡市瀬戸〔昭和39年(1964)8月3日〕

民家　朝来市生野町上生野
〔昭和43年（1968）5月9日〕

民家　美方郡香美町村岡区相田、萩山
〔昭和41年（1966）7月31日〕

民家　朝来市和田山町（糸井）
〔昭和31年（1956）3月31日〕

農村風景　養父市（関宮町、熊次）
〔昭和31年（1956）5月6日〕

民家　養父市関宮〔昭和31年（1956）5月6日〕

民家　養父市建屋〔昭和24年（1949）11月19日〕

ホンヤイリの家　丹波市山南町下滝〔昭和29年（1954）3月29日〕

苅田と民家　丹波市市島町（吉見）〔昭和33年（1958）1月3日〕

篠山市古市〔昭和42年(1967)10月5日〕

民家　篠山市二之坪
〔昭和41年(1966)8月30日〕

篠山市(草山)
〔昭和30年(1955)8月20日〕

岩屋港　淡路市岩屋〔昭和34年(1959)6月14日〕

岩屋の棚田　淡路市岩屋〔昭和34年(1959)6月14日〕

漁村　淡路市岩屋〔昭和34年（1959）6月14日〕

棚田と集落　淡路市野島常盤〔昭和35年（1960）6月12日〕

淡路の港
淡路市野島常盤
〔昭和35年（1960）6月12日〕

淡路の港
淡路市野島常盤
〔昭和35年（1960）6月12日〕

棚田　淡路市中持〔昭和35年（1960）6月12日〕

棚田の池　淡路市生穂〔昭和29年（1954）3月26日〕

民家　淡路市長澤〔昭和29年（1954）3月26日〕

棚田とワラグロ（積み藁）淡路市河内
〔昭和27年（1952）12月30日〕

棚田と集落　淡路市舟木
〔昭和30年（1955）1月9日〕

高貴な性癖と道楽

檀上重光

西谷勝也氏の遺品の中から「N君に」という未完原稿の断片を、本書編集者の小栗栖健治氏が見つけた。いつ、どんな時に書いたものかはわからない。わずか三百字たらずのものだが、そこには自身の民俗学への思いがつづられていた。要約すれば――

　社会からとり残されている、君のいう「落ちこぼれ」を拾い回るのが僕の性癖であろうか。古代的、また中世的な生活の姿を残している、疎外村落の実態を調査し、それを歴史科学からどう分析解明するかを、畢生のものとして、僕は興味と熱意を持って研鑽しているのだ。（後略）

西谷氏に初めてお会いしたのは、私が神戸新聞社会部記者だった昭和三十年半ば頃。加西市出身、在野の考古学者であるとともに民俗学にも造詣の深い、故赤松啓介氏に紹介してもらった。西谷氏は物静かで温和な中に、ひたむきさを秘めた印象を与えるお方であった。

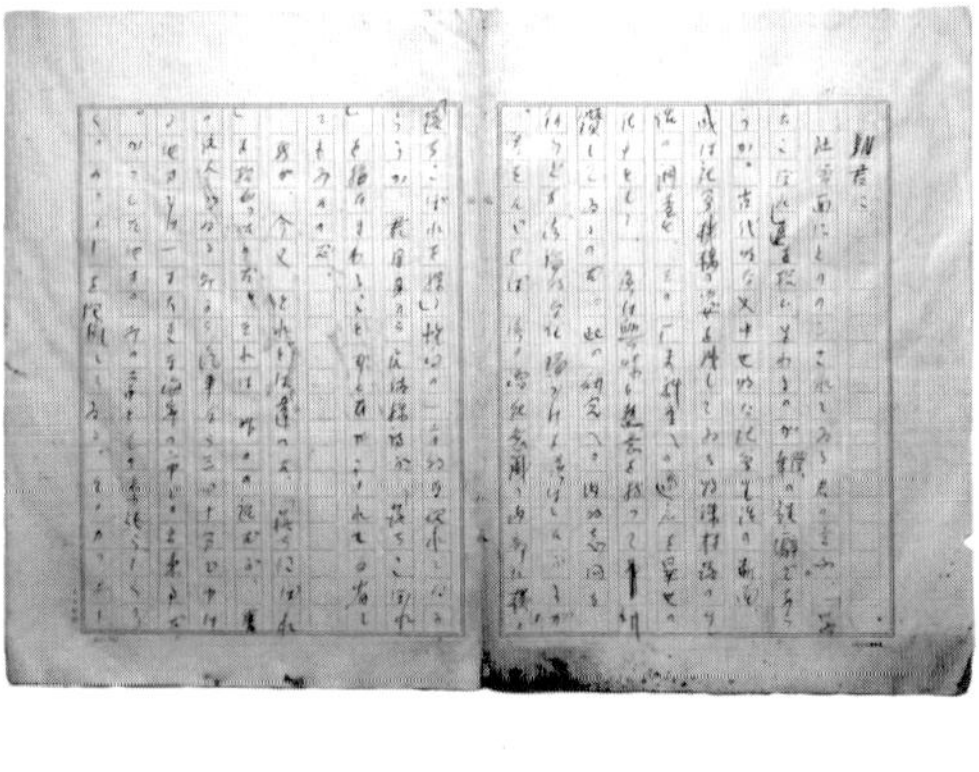
原稿「N君に」

最もお世話になったのは昭和三十四年夏、家島群島総合学術調査だ。この調査は私が企画し、神戸新聞社が主催した。予備調査、本調査を五月から八月初旬まで、計二十六日間にわたり実施した。三笠宮崇仁殿下を名誉団長として来島を願い、地質、人類、考古、民俗、中・近世、社会班に分け、全国の十八大学の中堅学者及び学生を動員、延べ千三百人に及んだ。民俗部門担当を、西谷氏に依頼したのはいうまでもない。

民俗調査は、島民一人ひとりからの聞き取り採取なので、すべて西谷氏に一任した。その結果、坊勢島には兄弟分（親しい友人と結ぶ肉親同様の生涯のつき合い）や、婿入り婚の慣習が残っていることがわかった。ところがこれを記事にしたところ、島の青年団の一部から抗議があった。

自分らの土地の文化程度が、遅れていると思われるという。西谷氏は、「学問上貴重なことで、劣等感を持つ必要はない」と説明し、社会班の河合慎吾神戸外大教授も「兄弟分という関係は、個性と個性が触れ合う近代的性格を持っている。これを教育の上にどう生かせるかが問題なのだ」と、くり返し説得する一幕もあった。穏やかに説くお二人の声が、いまも内耳にこびりついている。

いま一つ。神戸新聞に連載した「兵庫探検」がある。兵庫県下を縦横に歩き、さまざまな角度から徹底的に調べ、それを基に日本文化を考えようという意図の企画だ。スタートにまず民俗編を選んだ。民俗行事の大部分は、稲作関連のもの。だが減反政策で、その伝承や習俗が急速に消失しつつあり、緊急に悉皆調査の必要があった。

取材班を組織し昭和四十三年から現地調査にかかり、四十五年から週一回の連載開始の予定で作業を進めていた。大学や民俗学会のほか、特に西谷氏には全面的に指導を願うつもりだった。ところがその準備中に、県下の年間行事スケジュール表一冊を取材班に残して、西谷氏が急逝された。何とか一年半の連載は完結したものの、その時の大きなショックは忘れられない。

西谷氏の業績には、民俗学会最高の柳田國男賞受賞の『季節の神々』ほかの著書や、百件を超える論文がある。また、採取資料を小さな字でびっしりと書いた手作り小カードが沢山残されている。存命だったら、このカードからどれほどの労作が生まれたことだろう。六十三歳での他界は、早すぎた。

西谷氏を紹介してもらった赤松氏のことも思い出される。彼は民俗採取と同時に、考古学の遺物、遺跡を独力で、はいずるように調べていた。西谷、赤松の両者は、在野で独力という面で共通している。さらに西谷氏には、冒頭で紹介したように「落ちこぼれ」を拾う性癖があり、赤松氏は柳田民俗学でいう常民ではなく、低層の非常民を追いつづけている。同時代を生きたお二人には、通底するものを感ぜざるを得ない。

赤松氏に質問したことがある。どうして貧乏しながらもコツコツ調べつづけるのですか、と。寸時をおいての答えは「道楽ですかね」だった。

性癖と道楽、播州人のＤＮＡには、衆庶と同じ立場に身をおき、うまずたゆまずその実態と歴史を探ろうとする、高貴な意志が刷り込まれているようだ。片や多人数研究総括者の柳田國男という泰斗を生み、他方では西谷、赤松という、同じ民俗学でも視点方向を違えた一騎駈けも育んでいる。播磨という地域は、懐の広さと深さを持つ複雑な多面体であるらしい。

西欧の詩人メーテルリンクの言葉に「私たちが亡くなった誰かを忘れない限り、その人は生きつづける」がある。


（元神戸女子短大教授）

回想

西谷矩也

　物心ついた時には、父はよく「調査」と称して休みの日には出かけていたのを思い出す。酒造りの家の次男として生まれた父は、年の離れた兄と多くの姉妹に囲まれ、幼少の頃は不自由もなく育った。しかし小学校の頃、近所の子供達と遊んでいて足に大怪我をしたとかで皆と自由に走り廻れなくなった。毎日寂しい気持ちで学校生活を送りながらも様々な本に接する中で、大学予科、大学へと進むにつれ、特に民俗学というものに惹かれるようになっていった。とは言っても実は父からはっきりとその研究に関心を持った経緯《いきさつ》を聞いていないし、踏み込んだ会話もあまりしなかったように思う。

　当時、高校の教師をしていた父に連れられてよく土曜日曜日に「調査」に出かけていた。高校教諭という仕事と「民俗学研究」という二足の草鞋である。民俗学研究はあくまで趣味の域を脱して一生のライフワークとなったのである。兵庫県下北部の但馬地区から南の淡路島全島その他近隣の県、そして隠岐の島など離島にまで足を延ばしている。もちろん私達子供を連れて行く場合は日帰りで、朝早く出て夕方遅くもう日もとっぷりと暮れる頃に帰路に着く。当時は自家用車もないので汽車・電車とバスなどを乗り継いであとはひたすら徒歩で行くしかない。古いカメラを肩から掛け、三脚を片手にバッグには「調査ノート」などを入れて村落の長老達を訪ねて歩くのである。

愛用のカメラは「ライカ」やイコンテックなどブローニーフィルムを使い、後半にはアサヒペンタックスなどを使用していた。今とは違ってデジタルカメラもない時代、プリントするにも写真店に出せば相当費用がかさむため、多くは自宅に暗室を設け、自分で乾板印画紙に薬品などを用いて仕上げまでやっていた。暗い部屋で赤い豆電球を灯して何やら熱心に作業していた父の姿が目に浮かぶ。使い古しのカメラにはそれなりのこだわりもあり、自分で使い易いように距離目盛の目印金具を削ったりして手を加え、ピントがきっちり合うように細工をしていた。被写体との距離もその都度メジャーで測り露出計も手廻しで調整しながらの撮影である。

休日には朝早くから出掛け、但馬・丹波及び淡路島と県下全域にわたって、山里深く村落を訪れては小さいメモ片手に道端で出会った村人に何げなく話し掛けながら聞き取りを続けている。そして神社や寺などにも取材を重ねて歩く。ある日の父の日記に豊岡から竹野へ出た時のことがある。「民具調査を近隣の村でしてから奥竹野の市場で泊まる。私の為に鮎をとって来てくれて塩焼やみそ汁にしてくれたのが大変おいしかった。暑い部屋であるが満足させられた。」そしてまた同じ日の日記には「ここのザンザカ（踊）を見たいと思ったがここ二、三年来、踊はしていないとのこと、それでその近くの大谷で山根氏にあい、ザンザカの話しを聞く」とある。

「年々消えて行く村々の生活様式行事をそのままにして放って置いて果して良いものか。それでは村々の古くから受け継がれて来た生活が分らなくなってしまう。せめて変って行ったり失《な》くなったりするものを写真に留めて残して置きたいものです。そうして日本人の歩んで来た生活の足跡を誤りなく見極めたい」と父はある雑誌で語っている。

私が小学生の頃、いつものように父に連れられて岡山県の英田郡へ「調査」に行ったことがある。父の著書『季節の神々』によると十月の亥の日に「秋の亥の子づき」のことが載っている。米や穀物の収穫後に地下の悪霊を鎮圧して幣《ぬさ》を先頭に唱詞をいいながら家々を廻り石で庭を打つという行事があるが、その中でちょうど近所の子供達と私がその様子をじっと見つめている写真がある。また父の日記には「十時前に富島に着く。仁井の舟木を見に行く。少し肌寒いが春のうららかないい天気だ。段々畑では『春田打』をしている人を写真にとらえようとしたが、この男は、のこのこと道に下って来て腕を押えて撮した写真(フィルム)を奪おうとする。色々の事情を説明し、証明書を出してようやく納得させた。どこからか、うぐいすの鳴き声が聞こえる。周囲、椎の樹木に囲まれた鎮守である。」

汽車やバスなどを乗り継いで足を使って地道に調査を重ね、私達日本人にとって共感を覚える心のふるさとを求め、思いのアングルを捉えた多くの被写体が、ここにはあると思う。

西谷ワールドへの誘い —参考文献—

○西谷勝也『伝説の兵庫県』
（のじぎく文庫　1961年、神戸新聞総合出版センター　2000年）

○家島群島総合学術調査団編『家島群島−家島群島総合学術調査報告書』
（神戸新聞社　1962年）

○和歌森太郎編『淡路島の民俗』
（吉川弘文館　1964年）

○西谷勝也『季節の神々』
（慶友社　1968年）

○神戸新聞社学芸部兵庫探検民俗編取材班『兵庫探検　民俗編』
（神戸新聞社　1971年、神戸新聞総合出版センター　1996年）

○喜多慶治『兵庫県民俗芸能誌』
（錦正社　1977年）

○柳田國男『故郷七十年』
（神戸新聞総合出版センター　1989年、2010年新装版）

○兵庫県民俗芸能調査会編『ひょうごの民俗芸能』
（神戸新聞総合出版センター　1998年）

○北村泰生・藤木明子『播磨の祭り』
（神戸新聞総合出版センター　1999年）

○播磨学研究所編『播磨の民俗探訪』
（神戸新聞総合出版センター　2005年）

西谷勝也 にしたに かつや

1906（明治39）年、高砂市生まれ。大谷大学文学部人文学科卒業。1946年から加古川西高校教諭、1964年から白陵高校教諭。かたわら淡路、播磨、但馬をはじめ兵庫県や紀州路などを歩き、民俗学の資料を収集、特に農村の祭を調査した。1955年に日本民俗学会評議員に就任、1969年には『季節の神々』で柳田賞を受賞。1969（昭和44）年没。
著書・論文：『季節の神々』（慶友社　1968年）、『伝説の兵庫県』（のじぎく文庫　1961年、神戸新聞総合出版センター　2000年）、「丹波国波波伯部神社の神事と繰り人形」（『日本民俗学会報』22　1961年）など。

〔編集・執筆〕

小栗栖健治 おぐりす けんじ

1954年、京都府生まれ。大谷大学大学院文学研究科修士課程修了。日本文化史・歴史民俗学専攻。兵庫県立歴史博物館館長補佐（学芸員）。
著書・論文：『熊野観心十界曼荼羅』（岩田書院　2011年）、『宮座祭祀の史的研究』（岩田書院　2005年）、『播磨の妖怪たち』（共著、神戸新聞総合出版センター　2001年）など。

久下正史 くげ まさふみ

1975年、兵庫県生まれ。神戸大学大学院総合人間科学研究科博士課程後期課程修了。博士（学術）。灘中学校・灘高等学校教諭。
著書・論文：『共生の人文学』（共著、昭和堂　2008年）、『漂泊の芸能者』（共著、岩田書院　2006年）、「秩父三十四所巡礼開創縁起の形成」（『説話・伝承学』16　2008年）、「有馬温泉寺縁起について―等身薬師石像をめぐって―」（『灘中学校・灘高等学校教育研究紀要』2　2012年）など。

埴岡真弓 はにおか まゆみ

1955年、岡山県生まれ。奈良女子大学大学院文学研究科修士課程修了。日本史専攻。播磨学研究所研究員。
著書・論文：『播磨　歴史見て歩き』（神戸新聞総合出版センター　2011年）、『遊楽と信仰の文化学』（共著、森話社　2010年）、『播磨の妖怪たち』（共著、神戸新聞総合出版センター　2001年）など。

ふるさとの原像《げんぞう》
兵庫の民俗写真集

2012年4月20日　初版第1刷発行

写真 ――― 西谷勝也《にしたにかつや》
編者 ――― 小栗栖健治《おぐりすけんじ》　久下正史《くげまさふみ》
発行者 ―― 吉見顕太郎
編集 ――― のじぎく文庫
発行 ――― 神戸新聞総合出版センター
〒650-0044　神戸市中央区東川崎町1-5-7
TEL 078-362-7140（代表）／FAX 078-361-7552
http://www.kobe-np.co.jp/syuppan/

編集担当／岡　容子
装丁・デザイン／正垣　修
印刷／東洋紙業株式会社

落丁・乱丁本はお取替えいたします

ISBN978-4-343-00663-9 C0039